DANS MON
LIVRE
★ À MOI ★

CRÉDITS

L'ÉQUIPE !
DUCHESNE ET DU RÊVE

PRÉSIDENT DE L'ÉQUIPE
OLIVIER *Molson* **NIQUET**

LE DG
PATRICE *Savard* **DUCHESNE**] ÉDITEUR

LE PREMIER TRIO
OLIVIER *Béliveau* **NIQUET**
PATRICE *Lafleur* **DUCHESNE**] CONCEPTION
DANIEL *Richard* **DESPUTEAU** RÉDACTION

GARDIENNE DE BUT
NADIA *Sévigny* **MERCURE**] COORDINATION

LES DÉFENSEURS
GABRIEL *Delorme* **GERMAIN**
DOLORÈS *Richer* **LEMOYNE**] GRAPHISME, ILLUSTRATION
STUDIO PUNCH ET MONTAGE INFOGRAPHIQUE
www.studiopunch.ca

MARTIN *Robinson* **LAROUCHE**] GRAPHISME
ANNIE *Gingras* **PELLERIN**

LES ARBITRES
CATHERINE *Fraser* **BARON**] RÉVISION
BRUNO *Fournier* **QUESNEL** ET PROGRAMMATION DE L'INDEX

PRÉSIDENT DE LA LIGUE
SERGE *Ziegler* **THÉROUX**] MENTOR

DIFFUSION DIMEDIA
www.dimedia.com

REMERCIEMENTS DE L'ÉDITEUR
MARC *Dryden* **DUCHESNE**
MICHEL *Subban* **DUCHESNE**
PASCAL *Naslund* **ROBERGE**
MARILYN *Morissette* **CAMERON**
ALEXANDRE *Bowman* **FRANCISCO** CONSULTANTS
ÉRIK *Robinson* **CUSSON**
MARTINE *Lapointe* **LAFORCE**
RADIO *La Soirée du Hockey* **CANADA**

IN MEMORIAM
PAUL *Carbonneau* **DUCHESNE** (1973-2017)

sportnographe.com
info@duchesneetdureve.com

2017© Olivier Niquet et Duchesne et Du Rêve
Tous droits réservés

ISBN 978-2-9812264-1-9
Dépôt légal - Bibliothèque et Archives nationales du Québec, 2017
Dépôt légal - Bibliothèque et Archives Canada, 2017

MOT DE L'ÉDITEUR

Je suis né en 1972 en même temps que *Les Amateurs de Sports* à CKAC. Ça fait donc 45 ans que j'écoute des émissions sportives, la radio étant toujours allumée sur le comptoir de notre cuisine ! Pour nous informer, nous faire rire, mais aussi pour nous faire rêver sur une rumeur d'échange nous donnant un centre de premier trio compteur de 50 buts.., québécois (j'ai bien dit rêver ;-) ou finalement nous faire rager c'est selon, parce que Carey en a laissé passer deux de trop *« qu'il aimerait revoir bien sûr »*.

Oui, ce recueil taquine plus d'une centaine de journalistes, joueurs, entraîneurs… 122 précisément. Cela dit, c'est surtout un hommage à tous ces gens, car sans Pierre, Jean, Jacques, Mario, Ron, Michel, Jean-Charles, Dave, Georges, Gabriel, et cie, plus d'une centaine de soirées (voire 365 jours;) par année seraient assurément bien plus ternes dans notre salon ou notre auto ! Merci sincèrement à vous les passionnés qui refont les trios quotidiennement ;-) d'être là afin de remplir beaucoup les ondes et un peu nos vies !

Merci Olivier pour ta confiance, pour ton travail de moine afin de recueillir toutes ces citations depuis 2004 et de les ponctuer avec ton esprit unique (avec tes comparses du Sportnographe que j'ai découverts le vendredi soir avec ma Radio…Canada toujours allumée !). Ta contribution donne un livre deux fois plus drôle ! Merci Desput' d'avoir été un ailier, pilier du premier trio. Les trois et toute l'équipe (Nadia, Martin,Gabriel et cie), on a laissé nos tripes sur notre patinoire… de livre.

Maintenant. Bonne lecture, espère que vous vous amuserez comme nous avec les quiz , les fausses entrevues et les cartes de hockey ! Rions ensemble… car *c'est ça qui nous rassemble. Salut Biz, Batlam, Chafiik ! Quand on veut, on peut… Gagner ! Allez Montréal !* Et tous en route pour la 25e d'ici les 45 prochaines années, j'espère pour mes enfants Ophélie et Édouard !

Patrice *Lafleur-Tremblay-Lemieux-Naslund-Gingras-Sévigny-Roy Carbonneau-Deblois-Nilan-Svoboda-Richer* Duchesne.

En souvenir des samedis sur le sofa du sous-sol à écouter *La Soirée du Hockey* avec mon regretté papa Denis *Béliveau-Moore-H.Richard* ! et mon grand frère Marc *Dryden-Plante-Roy* ! ainsi que des matchs Canadiens-Nordiques écoutés à Pointe-au-Pic au temps des Fêtes avec mononc'Yvon, matante Suzanne, mononc'Rodrigue, mes cousins et cie.
Salut Paul ! (1972-2017)

Dès mon jeune âge, le monde du hockey m'a fait vivre des moments hautement sophistiqués, mystiques même.

Je me souviens encore avec émotion d'instants magiques vécus à l'aréna Melançon de St-Jérôme (un superbe édifice en stucco blanc) où les pères de famille grimpaient sur la bande pour crier « Asti de cabochon ! » à l'arbitre. Je me souviens de coachs adverses qui, à la moindre mauvaise décision, déversaient le contenu des poubelles sur la glace en criant : « S'ticite la dompe ! » Pour compléter le tableau, les mères, elles, s'agglutinaient dans les gradins autour du banc des punitions pour lancer « T'es t'un singe Beaulieu ! Garde ton casse tu fas peur au monde ! », en direction d'un jeune pee-wee de l'équipe visiteuse qui avait eu le malheur d'écoper d'un très long 2 minutes loin des siens...

Dans ce contexte, il est donc normal que j'en sois venu à penser naïvement que l'univers du hockey était peuplé de simplets et d'abrutis à grosses jointures, incapables d'articuler la moindre phrase complète.

Je sais aujourd'hui que j'étais dans l'erreur la plus totale.

J'étais en fait le témoin privilégié d'un bouillonnement linguistique et social unique au monde. Pensez-y, on ne peut réinventer un langage, restructurer la pensée et modifier brillamment des expressions courantes sans faire appel à une certaine forme d'intelligence supérieure. Rustre, mais supérieure.

Le « parlé hockey » n'est pas une entreprise de démolition du français. C'est la naissance pure et simple d'un autre niveau de langage.

Bien conjuguer n'est pas donné à tous. Je m'enfarge moi-même régulièrement dans de dangereux passés simples et je suis souvent victime d'intimidation de la part de vicieux subjonctifs présents.

Mais sachez que « bien conjuguer mal » est encore plus difficile. Cela demande une maîtrise impressionnante du dérapage linguistique contrôlé. Car ce dérapage, contrairement à la pensée commune, est porteur (souvent malgré l'émetteur) d'une subtilité qui augmente magnifiquement la profondeurdu discours.

Un peu comme les émoticônes de nos textos, le « parlé hockey » ajoute à la communication de base les épices nécessaires à la saveur du message. C'est le ketchup sur la patate frite de la pensée.

Vous comprendrez donc mon grand bonheur lorsque j'ai appris qu'Olivier Niquet travaillait à immortaliser cette prose sur glace. Olivier est, comme moi, un amoureux du « parlé hockey » et un admirateur des virtuoses qui utilisent parfois sans le réaliser ce dialecte pour communiquer. Il partage ma passion pour les lignes ouvertes à la radio, les interminables analyses et comprend l'importance d'assister aux conférences de presse du Canadien de Montréal.

Ces conférences sont d'éloquents indicateurs de la puissance du « parlé hockey ». Malgré les innombrables tentatives de contrôler le message, il en ressort toujours des perles. Comme si le message lui-même se frayait un chemin entre les lignes de la rectitude imposée par la version officielle. Comme si le « parlé hockey » possédait une conscience indépendante. Un peu comme la bibitte dans le film Alien, à tout moment, elle peut sortir de l'hôte.

À titre d'exemple, je me rappelle avoir vécu un moment quasi orgasmique dans un point de presse de l'ancien coach du Canadien, Michel Therrien. Michel sentait son congédiement approcher à grands pas et exprimait candidement son impuissance à relancer la Sainte-Flanelle. Son équipe était décimée et Carey Price souffrait d'une gastro.

Michel, derrière son lutrin, avait alors déclaré aux journalistes :
« Comme qu'on dit qu'es tu veux qu'on faize ? »

Inconsciemment, à travers son incapacité à construire une phrase simple, Michel Therrien avait traduit admirablement l'imperfection de son leadership et l'aspect dysfonctionnel de son équipe. Le Canadien est brisé et la plaie, ouverte.

Imaginez si Michel avait plutôt déclaré : « Vous savez, comme on dit, qu'est-ce que vous voulez qu'on y fasse ? » Le message, le vrai, aurait été occulté de moitié.

C'est du génie. Involontaire, mais du génie linguistique quand même.

Pendant que les vieux croûtons de l'Académie française sont assis dans leurs 40 fauteuils poussiéreux à décider si « trampoline » est un mot masculin ou féminin et à réfléchir sur l'utilité du trait d'union, Michel Therrien lui, affûte et enrichit réellement notre langue. Il fait monter le français d'un cran.

Il n'est pas le seul. Jean Perron a brillamment réinventé le dictionnaire au complet en seulement quelques années. Sa célèbre phrase, « Vous dormez en couleurs », devrait être enseignée à la Sorbonne.

Un match « échevelené » n'est-il pas encore plus décousu que lorsqu'il est échevelé ? Ne devrait-on pas plutôt « adiquer » au lieu d'abdiquer ? Pourquoi ne pas utiliser « spiculation » au lieu de « spéculation » ? Ça « spicule » beaucoup mieux, non ?

Voilà pourquoi le « parlé hockey » doit être immortalisé. Mario Tremblay, Jacques Demers, Ron Fournier et leurs collègues sont tous de grands poètes qui méritent le 41e fauteuil dans la coupole de l'Académie française.

Il est évident que ce livre d'Olivier Niquet doit prendre la place qui lui revient, sur le rayon Ouvrages de référence des grandes bibliothèques.

C'est une constatation maintenant historique. La réalité du hockey ne peut être dépeinte en français normatif parfait. Le soccer peut-être, pas le hockey. Le hockey se discute avec un français qui a perdu 2 dents, mais qui donne toujours son 110 % dans les deux sens de la patinoire.

Pour conclure, comme l'a si bien dit Marc Bergevin en conférence de presse :

« Une journée toutes les jours arrivent, même moi, je serais pas ici. »

Bon... Je n'ai aucune idée de ce que ça peut bien vouloir dire et comment accorder « arrive » dans ce contexte, mais je sais que grâce à Olivier Niquet, l'œuvre littéraire de Bergevin et cie, elle, restera pour toujours intronisée dans le temple de la renommée de la littérature française.

INTRODUCTION

L'exploit sportif fait rêver. Il renvoie à l'amateur de sport, affalé dans le confort et l'indifférence de son sofa, une version sublimée de lui-même. Le reflet du sportif de haut niveau qu'il pourrait être s'il n'était pas trop occupé à regarder des sportifs de haut niveau à la télé.

Mais l'exploit sportif n'est rien sans quelqu'un pour le décrire, lui donner une signification et une aura de miracle. Ce livre se veut un hommage à ceux qui accomplissent l'exploit de rendre spectaculaires un banal lancer du poignet dans le coin du net ou un délicat cross-check dans le dos.

Si vous êtes du genre à n'aimer lire seulement si c'est écrit gros ou à vous contenter de la section des sports du journal, ce livre est pour vous. Si vous êtes plutôt du genre à aimer méditer autour de concepts abstraits et que vous êtes un amoureux de la langue... ce livre est aussi pour vous.

Parce que de la langue du sport se dégage une certaine poésie. Une beauté souvent accidentelle émane des commentaires des joueurs, des entraîneurs et des experts. On sous-estime la poésie du sport.

N'insistons pas ici sur la poésie, comme dirait mon éditeur qui veut rentrer dans son argent. Les livres de recettes vendent. Le hockey vend. Pas la poésie. Si Ricardo jouait au hockey, il aurait encore plus de blé et d'oseille pour faire de belles recettes.

Nous allons donc plutôt nous pencher sur le côté comique de la langue du sport. Il n'est pas question ici de se moquer de ceux qui commentent dans les médias. Meubler 24 heures par jour (et même plus) de temps d'antenne en ne parlant presque exclusivement du Canadien ne peut que provoquer quelques petits lapsus et autres phrases alambiquées.

De toute façon, ceux qui couvrent le sport n'ont pas le monopole de la syntaxe déficiente ou des néologismes. Nos politiciens, à commencer par Justin Trudeau, sont passés maîtres dans cet art.

Or, si les décisions de Justin Trudeau ont des impacts sur tout un peuple, celles de Claude Julien (ou son successeur) sont sans conséquence. Le sport reste un divertissement. Un divertissement pris trop au sérieux, mais un divertissement quand même.

C'est pourquoi le journalisme sportif pourrait être vu avec condescendance par ceux qui pratiquent le « vrai » journalisme. Une sorte de ligue américaine des médias, si on veut.

Pourtant, les médias sportifs mettent en lumière certains des défauts des médias généralistes. Défauts sur lesquels devraient se pencher ceux qui se réclament d'un quatrième pouvoir.

Est-ce que la démocratie irait mieux si elle s'inspirait des émissions de débats sportifs de fin de soirée ? Poser la question, c'est poser la question.

Le journalisme sportif nous force aussi à nous interroger sur l'objectivité dans les médias. Les journalistes font ce qu'ils peuvent pour couvrir l'équipe de façon intègre tout en s'assurant de garder leur place sur la galerie de presse, place qui vient avec des hot-dogs gratis. Ce n'est pas rien lorsqu'on connaît le prix des hot-dogs au centre Bell.

Il reste que l'objectivité des journalistes sportifs est morte en même temps que Milon de Crotone, l'une des premières vedettes du sport antique. Et ce n'est pas plus grave que ça. Comme l'a déjà dit Jérémie Rainville du 98,5 Sports :

« Quand on est humain, c'est difficile d'être objectif à 100 %. »

Et il s'avère que tous les experts sportifs sont humains. Même François Gagnon.

Les journalistes, chroniqueurs et animateurs dans les médias généralistes ne font pas mieux. Ils sont juste un peu plus subtils. Mario Dumont, qui penche toujours du même bord, n'a rien à envier à Mario Tremblay qui porte quant à lui un chandail du Canadien. Que celui qui n'a jamais pêché à la mouche lance la première bière, comme dirait Jean Perron.

Et ce qu'il y a de bien avec l'expertise sportive, c'est que pas mal tout le monde peut prétendre être un expert. Les anciens joueurs, anciens coachs, anciens arbitres et anciens vendeurs de chars se succèdent au micro pour analyser en profondeur la pertinence de faire jouer Untel au centre plutôt qu'à l'aile où il a déjà été bon pendant trois matchs à sa première saison dans les mineures. Et on les croit.

C'est parce qu'ils sont si nombreux qu'ils ont fourni de façon si prolifique les citations amusantes qui garnissent ce livre. Ils sont nombreux parce qu'on aime les écouter, les entendre, les réentendre. On aime être divertis de nos quotidiens ennuyants et il en faut peu pour nous divertir en matière de sport. Comme l'a déjà dit le grand (petit) Rodger Brulotte :

« *Souvent on parle pour absolument rien, mais ça fait partie du sujet.* »

Entendre parler pour rien, ça détend le cerveau.

« Du pain, des jeux et une Coors light », disaient les Romains. Pendant qu'on regarde le hockey et qu'on écoute les tergiversations de Ron, on ne s'inquiète pas de la corruption, de la pauvreté ou des nids de poule. Si le sport télévisé n'existait pas, les cerveaux de la planète pourraient se pencher sur des objectifs plus nobles. On aurait probablement déjà trouvé un remède contre le cancer ou la pauvreté infantile. À la place, nous concentrons nos énergies à spéculer sur la possibilité de faire l'acquisition d'un gros centre de premier trio. Et on en redemande.

C'est pourquoi le cycle de la nouvelle sportive est infernal. Il faut nourrir la bête 24 heures sur 24, 7 jours sur 7. Une nouvelle est absorbée, analysée, disséquée et réanalysée avant de s'évaporer en moins de temps qu'il n'en faut pour huer Zdeno Chara. C'est un peu comme le cycle de votre lave-vaisselle, mais pas vraiment.

Cette suranalyse prend une telle place dans nos médias que tout le reste prend le bord. Il n'est pas rare qu'un gouvernement synchronise la sortie d'une mauvaise nouvelle en même temps qu'une annonce du Canadien.

L'acquisition d'un 7e défenseur pour ajouter de la profondeur à l'équipe est suffisante pour prendre le haut du pavé médiatique et nous faire oublier que Gaétan Barrette est ministre de la Santé.

Toutes les occasions sont bonnes pour entretenir le cycle de la nouvelle sportive. C'est pourquoi il est un terreau fertile pour qu'apparaissent des écarts langagiers qui passeront à la postérité.

L'ensemble de ces éléments contribue à créer un monde où les langues se délient sans complexe pour nous offrir des expressions imagées qui enrichissent l'expérience de l'amateur de sport.

À titre d'amateur de sport, justement, mais aussi en tant que personne qui s'exprime avec beaucoup de réserve, je dois avouer être fasciné par l'aspect linguistique de la couverture médiatique du sport.

C'est pour cette raison que j'ai eu envie de constituer cette collection des meilleures citations de nos experts sportifs. Une sélection des meilleurs conteurs de la Ligue que j'admire pour leur dévouement et leur laisser-aller. Des personnes que j'aime bien taquiner et que j'adore écouter.

Ce livre contient plus de 400 citations authentiques de journalistes, de joueurs, d'entraîneurs, et d'experts sportifs de toute la planète hockey de Montréal. Il y est même, à de rares moments, question d'autres sports que le hockey. Incroyable, mais vrai.

La plupart de ces citations peuvent être écoutées en format audio sur le site Web www.sportnographe.com, qui contient plus de 2 000 autres citations sportives de tout acabit que j'ai accumulées au fil des ans.

—

Note : Le féminin et le masculin sont utilisés de façon aléatoire par les experts du sport. Il ne s'agit pas d'erreurs de transcription.

Merci de votre compréhension.

CHRONIQUEUR

OLIVIER

NIQUET

OLIVIER NIQUET

Taille : 13 ¹/₂ micros | Poids : 8 ¹/₄ Coupe Stanley
Droitier | Né : 03-06-79 | Chicoutimi, Qc

ANNÉES CHRONIQUEUR	OLIVIER REMPORTÉ	FOIS QU'ÉRIC DUHAIME RÊVE À LUI	PHRASES PRONONCÉS DANS UN ASCENSEUR	CITATIONS *SPORTNOGRAPHE*	CITATIONS *DANS MON LIVRE À MOI*
8	1	22 423	2,5	2138	416

Rien ne destinait cet urbaniste réservé à un métier aussi public que celui de chroniqueur et animateur radio. Doué d'un humour caustique et d'un regard torve sur l'actualité politique et sportive, il se lance dans l'aventure radiophonique (avec son ami Jean-Philippe Wauthier) en créant une webradio intitulée Le sportnographe. C'est en 2009 que cette aventure entre dans les ligues majeures, à la radio de Radio-Canada, pour ensuite se transformer en l'une des émissions les plus populaires de la première chaîne, La soirée est (encore) jeune, en 2012.

Au sein de cette équipe férocement drôle de joyeux troubadours, Olivier se distingue en devenant le Brendan Gallagher. Il est celui qui n'hésite pas à se salir le nez « devant le net » en affrontant les odeurs douteuses des vestiaires de hockey afin d'y dénicher le nec plus ultra de la citation aurifique… Son humour singulier, ses chroniques assassines et son physique d'adonis rendent fous de jalousie ses comparses de micro qui prennent un malin plaisir à le taquiner sur ces moindres travers.

✖ FAIT SAILLANT ✖

Il débute sa carrière sur scène devant une salle de 2000 personnes. Même Céline n'a pas fait ça…

Repêché : par Radio-Canada en 2009

sportnographe.com

LES DICTONS

Le monde du sport regorge de dictons, d'expressions, de proverbes qui contribuent à mieux nous faire comprendre certains aspects du jeu. Certaines de ces expressions ont même évolué au point d'être méconnaissables.

Une forme particulièrement populaire de ces expressions consiste à fusionner deux dictons pour n'en former qu'un seul dont la subtile résultante peut surprendre.

Ce mélange de dictons a été popularisé par l'ancien entraîneur du Canadien, Jean Perron, gagnant de l'avant-dernière coupe Stanley de l'équipe, en 1986. Un ex-entraîneur « qui n'y va pas avec le dos de la main morte » lorsque vient le temps de dire sa façon de penser.

Le mythe des « perronismes » s'est depuis longtemps substitué à la réalité. Un livre de perronismes qui mêlaient de vraies citations à d'autres imaginées a même été écrit. Jean Perron n'est toutefois plus nécessairement le roi des perronismes puisque d'autres ont repris le flambeau avec un naturel qui passe « comme du beurre dans le poil ».

15 DES PLUS GRANDS SUCCÈS DE JEAN PERRON

L'ancien coach a tout de même continué à nous montrer la richesse de son vocabulaire dans divers médias, et à tout seigneur tout honneur, il convient de lui consacrer le premier chapitre de ce livre.

Comment tu traduirais ça,
« ce soir, we gonna play in their face » ?

Ah ! On va être comme une tache. On va être comme une tache à marde !

— Jean Perron, la mouche du coche. [1]
13 mars 2009

Je m'excuse, mais les joueurs du Canadien sont pas rentrés avec, comme on dit, l'épée entre les dents. J'sais pas comment tu dis ça comme expression ?

— Jean Perron, le couteau de Damoclès au-dessus de la tête. [2]
9 février 2012

Tu peux pas faire d'la cristal avec d'la cruche.

Jean Perron, cristallin. [3]
21 novembre 2009

Price est devenu un peu le Martin Brodeur
qu'il pense être.

— Jean Perron, qui pense être Jean Perron.[4]
11 mars 2010

Il s'est mis le nez dans l'enfer du mal.

— Jean Perron, qui a trouvé un bon titre pour un film d'horreur.[5]
14 septembre 2007

Canadien, ça leur a échaudé les oreilles.

— Jean Perron, qui a les oreilles qui chauffent.[6]
19 février 2007

C'pour ça je vous dis :
gagez jamais contre les Canadiens de Montréal,

y'ont les gosses bénites.

— Jean Perron, béni des Dieux.[7]
16 avril 2009

P.K. Subban, y'a un caractère, y'a de
l'enthousiasme. C't'un Jamaïcain d'origine.
C'est un Italien. S'cuse-moi, un Latino comme
nous autres.

— Jean Perron, citoyen du monde.[8]
27 janvier 2011

Moi, ce qui m'inquiète, c'est son calme qu'on pourrait dire shakespearien, pour utiliser un cliché.

— Jean Perron, homme de théâtre. [9]
16 avril 2013

Y'est magnétisé par cette rondelle-là.

— Jean Perron, hypnotisé par sa bouche. [10]
25 avril 2011

Va falloir qu'on envoie des sons de cloche à Gainey.

— Jean Perron, qui a quelque chose qui cloche. [11]
31 mars 2009

Vous êtes d'accord ?
Vous dormez en couleurs !

— Jean Perron, rêveur. [12]
10 septembre 2009

On peut parler de midi à quatorze heures d'individus dans notre équipe qui sont même pas capables d'attacher les patins des Capitals de Washington au niveau du talent.

— Jean Perron, qui cherche midi à quatorze heures en parlant. [13]
21 avril 2010

Je sais que les noirs en général sont des personnes très émotives, mais lui peut-être qu'il en met un petit peu trop que le client en demande.

— Jean Perron, qui généralise. [14]
5 janvier 2012

Tu ne nais pas entraîneur, tu le deviens.

Jean Perron, fan de Simone de Beauvoir. [15]
27 janvier 2011

11 PERRONISMES
DE MARIO TREMBLAY

En réalité, le vrai champion post-moderne des perronismes est Mario Tremblay. Ancien joueur de troisième trio à une époque où les joueurs de troisième trio étaient bons, Mario Tremblay est aussi connu comme celui qui a provoqué le départ de Montréal de Patrick Roy. C'est grâce à lui que nous avons pu faire la connaissance d'Andreï Kovalenko et de Martin Rucinsky, et pour ça, nous lui en serons toujours reconnaissants.

Il est omniprésent dans les médias depuis quelques années et c'est lui qui nous a offert les plus beaux perronismes de la dernière décennie. À tel point qu'on pourrait remplacer « perronisme » par « tremblayisme » si ça ne sonnait pas comme une maladie qui s'attaque aux bleuets. Voici donc 9 perronismes de Mario Tremblay.

Alors bravo aux Flyers et à Paul Holmgren qui est capable de sortir des chats du sac un peu à gauche et à droite.

— Mario Tremblay, qui sort un lapin du centre de son chapeau. [16]
18 novembre 2010

Faut que tu prennes ton gaz égal, laisser un peu la soupe chaude retomber.

Mario Tremblay, qui ne laisse pas la poussière retomber. [17]
21 mars 2012

Avant là, on rentrait dans zone des Oilers comme
du bonbon, mais maintenant, c'est plus ça.

— Mario Tremblay, comme dans du beurre. [18]

9 novembre 2011

Pour moi, j'pense que ça fait ni queue ni sens.

— Mario Tremblay, qui perd la tête. [19]

16 mars 2013

Je te jure aujourd'hui que moi et ma femme,
on braillait comme deux madones.

— Mario Tremblay, qui nous fait pleurer comme des madeleines. [20]

16 septembre 2014

Mais là, Claude Julien

y va être capable de serrer la vis aux trois quarts de tour.

— Mario Tremblay, lousse de la vis. [21]
23 février 2017

*Vous savez lorsque Bowman est arrivé en place
à Chicago, j'pense que le bateau finalement a
tourné le coin.*

— Mario Tremblay, qui tourne les coins ronds. [22]
2 août 2015

Je pense que la barque roule pas tellement bien pour John Tortorella.

— Mario Tremblay, qui roule sur l'eau. [23]
16 mars 2013

Quand le chef d'orchestre n'est pas là, les souris dansent.

— Mario Tremblay, mæstro félin. [24]
1er mars 2016

Mais Gomez c'est Gomez, y sera jamais Wayne Gretzky.
C'est pas de sa faute si Glen Sather lui a donné
8 millions. Ils lui ont donné sur un bateau d'argent.

— **Mario Tremblay, qui nous la donne sur un plateau d'argent.** [25]
1er novembre 2010

Je m'attends pas à ce qu'il y ait beaucoup de
brouhaha, sauf que je pense que y'a beaucoup de
poudre en l'air si on peut me permettre l'expression.

— **Mario Tremblay, qui nous jette de la poudre aux yeux.** [26]
25 mars 2011

DES EXPRESSIONS QUI COULENT
COMME DE L'EAU DE ROCHE

Évidemment, Mario Tremblay et Jean Perron n'ont pas le monopole des perronismes. Nos deux champions ont fait des petits et les experts de nos jours ont intégré à leur discours cette façon si particulière de dire une chose et son contraire. Il se passe rarement une journée sans qu'une expression soit massacrée par un poète de nos ondes.

Il a pris les rênes sur son dos.

— Benoît Brunet, qui met l'épaule à la joue. [27]
20 novembre 2005

Il vaut à lui seul son prix de présence.

— Jacques Demers, qui vaut son pesant d'or. [28]
14 avril 2006

Il connaît son hockey sur la pointe des doigts.

Jacques Demers, qui marche sur le bout des pieds. [29]
16 mai 2006

Tu n'y vas pas avec le dos de la main morte !

— Michel Villeneuve, sans cuillère. [30]
26 mai 2006

Il a sauté de tout son haut, alors qu'il courait de plein fouet.

— Bruno Heppell, à pleine vitesse. [31]
19 novembre 2007

C'est la goutte qui a mis le feu aux poudres.

— **Marc De Foy, pompier.** [32]
4 mars 2009

Est-ce que c'est un joueur qui est pas content
de la manière que les situations roulent?
Y'a enquête sous roche.

— **Pat Burns, qui n'aime pas les anguilles.** [33]
9 novembre 2008

Il en a vu des roses et des pas mûres.

— **Benoît Brunet, daltonien.** [34]
6 janvier 2013

La passe
de Plekanec
était cousue
de dentelle.

— Pierre Houde, décousu de fil blanc. [35]

3 février 2007

Ah, Lou nous a sorti un autre chapeau de son sac.

— Benoît Brunet, qui nous sort un lapin de son chapeau. [36]

12 février 2010

*J'voulais que les gens sachent aussi en même
temps comment moi je me sentais, pis que je m'en
allais pas ici du revers de la main, pis tout ça.*

— **Patrick Roy, qui refuse d'y aller de reculons.** [37]
12 septembre 2013

*Si t'as une équipe qui perd trois matchs consécutifs,
le trouble est aux vaches. C'tu ça l'expression ?
Je sais même pas.*

— **Martin Lemay, qui parle français comme une vache espagnole.** [38]
17 août 2008

Il est unique en son sens.

— **François Allaire, à sens unique.** [39]
11 septembre 2008

On a un entraîneur qui adore changer les trios.

Il a la gâchette courte.

— Georges Laraque, qui a la mèche rapide. [40]
27 novembre 2016

Vincent était sur un fil de rasoir en équilibre.

— René Pothier, tranchant. [41]
31 janvier 2009

C'est beaucoup d'argent pour un gars qui est rendu au chemin des croisés.

— Mario Tremblay, en croisade. [42]
8 avril 2011

Quand le tube est sorti de la pâte à dents, tu le remets pas dedans.

— Denis Coderre, à propos de David Desharnais qui se fait entuber. [43]
12 novembre 2013

J'pense que là, du côté des Sabres, les partisans,
ça aurait crié à bout portant si on n'avait pas été
en mesure de garder Connolly.

— Benoît Brunet, à pleins poumons. [44]
30 mars 2009

On dit que c'est le retour de la pendule du côté des Red Wings.

— Jacques Demers, horloger. [45]
11 mai 2009

Me semble que dans cette série-là, y'aurait pu en marquer une couple. On retournera pas la plaie dans le fer.

— Michel Bergeron, qui tourne le fer dans la plaie. [46]
10 mai 2010

ON NE PEUT PAS JOUER À LA CHAISE ROULANTE CONTINUELLEMENT.

Michel Bergeron, handicapé de la chaise musicale. [47]
25 novembre 2010

Turner Stevenson avait des mains d'acier dans un gant de fer.

— Pierre Trudel, qui n'a pas la langue de bois. [48]
26 janvier 2008

Il a résumé ça simplement. Il a dit : main de velours dans un gant de fer.

— Marc De Foy, qui a les mains douces. [49]
21 mai 2009

Tout le monde attend Markov
avec sa caméra pis son micro dans le vestiaire, pis là
lui se ferme comme un œuf.

— Michel Langevin, ouvert comme une huître. [50]
13 février 2017

On dit, les coups à la tête, faudrait étudier
ça l'année prochaine seulement.

Allo ! Allo ! On s'ouvre
comme une huître, là !

— Ron Fournier, qui se ferme comme une boîte de pandore. [51]
17 mars 2010

Ils sont pas passés par le dos de la cuillère,
comme on dit.

— Jeremy Filosa, qui n'y va pas par quatre chemins. [52]
2 août 2015

Columbus est cependant très très loin de l'auberge.

— Mario Langlois, pas sorti de l'auberge. [53]
3 décembre 2015

Il m'a fait mentir puis je lui tire ma révérence, c'est à son honneur

— Dany Dubé, qui s'incline en s'en allant. [54]
22 novembre 2013

Les bons joueurs de ligne, c'est rare comme de la marde.

— Gabriel Grégoire, constipé. [55]
30 juin 2008

C't'un équipe qui est molle. Pacioretty, c'est mou comme d'la marde.

— Gilbert Delorme, dur envers Pacioretty. [56]
18 février 2016

Parce qu'au début, comme au football, les joueurs intentés dans les poursuites pensaient qu'y'en a plein qui allaient se joindre à eux, pis que ça allait faire
un effet boule de gomme.

— **Georges Laraque, cóllé au plancher.** [57]
2 décembre 2015

Quand t'as une bonne équipe,
la grosse affaire, c'est de passer la première ronde, pis après ça, si t'es capable de faire ça comme du monde, ben là t'es capable de rouler ta boule pour le reste.

— **Martin Brodeur, qui déboule.** [58]
18 avril 2017

Je pouvais voir vraiment de l'autre côté de la chandelle

Maxime Talbot, qui voit l'envers de la médaille en cire. [59]
13 juin 2017

*J'ai confiance en notre équipe. Hier on a oublié
ça pis les pendules sont remis à zéro.*

— Alexandre Burrows, qui va attendre le retour du pendule longtemps. [60]
29 mai 2017

Normalement t'aurais Plekanec avec les frères Kostitsyn sur le deuxième trio qui marchait à pleine couture.

— Marc Bureau, qui donne dans la haute couture. [61]
27 novembre 2009

Ça fait longtemps que je roule ma boule.

— Jocelyn Lemieux, qui est collé au plancher depuis longtemps. [62]

30 mars 2007

Même si on travaille fort pis les choses tournent pas de notre bord, faut continuer de travailler jusqu'à la dernière goutte.

— Maxim Lapierre, suant. [63]

2 février 2010

LES DICTONS DONT
ON IGNORAIT L'EXISTENCE

Il n'y a pas que les perronismes dans la vie. Il y a d'autres moyens de parler de sport de façon imagée. Le dicton est l'un de ces moyens.

Selon Wikipédia, « un dicton est une expression proverbiale figée, une formule métaphorique ou figurée qui exprime une vérité d'expérience ou un conseil de sagesse pratique et populaire ». Il en va de même des dictons sportifs, à la différence que ces derniers ne sont pas figés. Les dictons du sport se déforment et évoluent pour expliquer avec plus de précision les situations propres au hockey.

Rentre comment tu voudras, ils sont en séries.
Qui viendra viendra.

— **Jacques Demers, veni veni.** [64]
16 avril 2009

Tu peux pas faire de la salade de poulet avec
du poupou de poulet.

— **Ron Fournier, gastronome.** [65]
29 novembre 2005

Tant qu'il y a de l'espoir, il y a de la vie.

— **Patrice Bergeron, au désespoir.** [66]
22 mars 2007

Un mieux vaut que deux tu l'auras.

— **Gabriel Grégoire, qui n'a pas trouvé mieux.** [67]
4 novembre 2008

Le bonheur des uns fait le malheur des autres.

— **Benoît Brunet, malheureux.** [68]
21 février 2009

Dieu seul le sait, et le Bon Dieu s'en doute.

— Michel Villeneuve, qui suppose que Dieu n'est pas toujours bon. [69]

30 avril 2010

Qui crache en l'air tombe sur le nez, dit-on.

— Yvon Pedneault, qui a du pif. [70]

27 août 2010

Avec la transaction, j'ai trouvé que Marc Bergevin avait fait un excellent travail : c'est deux pierres un coup.

— Mathieu Dandenault, qui aura une deuxième chance. [71]
9 septembre 2014

À 4-0 là, ils ont donné tout ce qu'ils avaient à donner et regarde, ç'a failli fonctionner.

Tant que c'est fini, c'est pas fini.

— Patrice Brisebois, qui se prend pour Yogi Berra, mais pas tant que ça. [72]
4 juillet 2016

LES FABLES
DU MONDE DU SPORT

Mettre en scène des animaux pour mieux faire comprendre une situation n'est pas une technique nouvelle. Parlez-en à Jean de la Fontaine qui était spécialiste en ce domaine. D'ailleurs, « La cigale et la fourmi » était assurément une fable à propos d'un joueur vedette qui avait négligé son entraînement estival.

Les exploits sportifs, la puissance des joueurs et l'instinct des entraîneurs ont depuis toujours fait ressortir le côté animal de l'humain. Un côté animal que les commentateurs ont su harnacher pour souligner l'héroïsme des sportifs.

C'EST UN OURS, IL EST FORT COMME UN CHEVAL.

ET QUAND ON PARLE DE CHEVAL, C'EST TOUTE UNE PIÈCE D'HOMME !

Jacques Demers, anthropomorphique. [73]
16 novembre 2006

Vincent Lecavalier, c'est un bœuf, il a des jambes de cheval.

— Jacques Demers, drôle d'animal. [74]
23 avril 2007

*Ça fait qu'on va attendre avant de tuer la peau
de l'ours.*

— Martin Lemay, chasseur de peaux. [75]
29 décembre 2008

*Faut pas tuer la peau, ou l'ours, avant d'avoir
la peau là.*

— Guy Lafleur, qui veut prendre la peau d'un ours vivant. [76]
18 septembre 2010

Vendez pas l'ours avant d'avoir la peau.

— Jean Pagé, vendeur d'ours. [77]
7 mai 2010

FAUT PRENDRE LE BŒUF PAR LES CORNES.

Michel Bergeron, toréador de bœufs. [78]
20 novembre 2009

Et comme dit l'autre, mets pas le bœuf devant la charrue.

— Gabriel Grégoire, désordonné. [79]
8 septembre 2010

J'peux pas parler, mais ça vaut la peine de crier au loup.

— Gabriel Grégoire, qui crie au loup, mais pour une bonne raison. [80]
18 novembre 2010

*Y'a pas de chien, qu'est-ce tu veux que j'te dise.
Si y'avait toute des chiens sur la terre, y'aurait
pu d'arbres.*

— Gaston Therrien, environnementaliste. [81]
10 décembre 2015

*Vous allez lancer Mike Condon dans la gueule
au lion, à Montréal contre son ancienne équipe ?*

— Michel Langevin, dans la fosse aux loups. [82]
29 novembre 2016

Tabarouette c'gars-là y'arrive le soir dans foire aux loups.

— Michel Bergeron, dans la fosse aux lions. [83]
10 février 2011

Pis je trouve que Shaw, c't'un gars qui a beaucoup plus de chien.

— Vincent Damphousse, qui a du chat. [84]
29 juin 2016

Il est monté sur ses quatre chevaux !

Yvon Pedneault, sur ses grands chevaux. [85]
30 octobre 2008

Ben qui mange un char de mouche ! Comprends-tu ?

— Alain Chantelois, qui ne comprend pas. [86]
5 novembre 2008

*Alain Vigneault l'a déjà eu sous sa selle
à l'Île-du-Prince-Édouard, donc il retourne
avec un entraîneur qu'il connaît bien.*

— Patrick Lalime, à cheval sur les mots. [87]
28 février 2012

OLIVIER REÇOIT…
MICHEL THERRIEN

Au cours de sa carrière, Michel Therrien a été l'entraîneur du Canadien à deux reprises, maintenant une fiche fort appréciable. Ses conférences de presse étaient l'occasion d'excellents moments qui auront marqué les esprits de plusieurs.

Osons une entrevue imaginaire mettant en vedette quelques-unes de ses citations les plus savoureuses.

— Salut Michel. Ça n'a pas dû être facile pour toi d'être congédié par le Canadien. Ça t'a pris du temps à t'en remettre ? Tu y as pensé beaucoup ?

Quand tu te mets à penser trop, c'est là que tu tombes sur les talons, mais vient un temps faut t'assimules et tout vient naturel.

— Donc t'as pris le temps « d'assimuler ». Et qu'est-ce que tu retiens de ton séjour avec le Canadien ?

J'ai trouvé qu'on s'est assis un petit peu trop sur les talons.

— Ça fait beaucoup de talons tout ça. Et une fois sur les talons, tu fais quoi pour te relever ?

Faut redouter d'ardeur…

— Si tu redoutes l'ardeur, je suppose que t'as pris ça relax depuis ton congédiement. Est-ce que t'as regardé la finale de la coupe Stanley au moins?

J'pense qu'on a vu deux bonnes équipes de hockey pis je pense que c'est un match qui a été envlement disputé des deux équipes des deux bords.

— Tu as envlement raison.

Les gars se sont présentés. Ils se sont présentés physiquement aussi.

— Y'étaient toute là, c'est certain. Sinon, as-tu pris le temps de méditer sur ton passé et ton avenir comme coach?

Faut pas t'oublies. De toute façon, la devise du Québec, c'est « Je me souviens ». Donc faut se souvenir du match de demain et apprendre de ce match-là.

— Ah! Alors t'as médité sur le passé et l'avenir en même temps, mais à l'envers. Tout un exploit. As-tu repensé à ce que le pape t'avait dit quand tu l'as rencontré en 2015? Ça t'avait marqué, je pense.

Quand qu'y'a fini son discours en pratiquement beaucoup de langues, il s'est avancé et j'ai pu l'avoir avec moi pendant je te dirais deux minutes.

— Vous devez bien vous entendre parce que toi aussi tu parles en pratiquement beaucoup de langues. T'es encore un admirateur du pape?

Y'est doué à une très belle avenir.

— Ouin. Il est quand même vieux. Mais en tout cas, toi on te souhaite une belle avenir mon Michel!

ET SI ON COMMENÇAIT PAR
UNE MISE ~~AU~~ EN JEU?

Il est maintenant temps de voir à l'aide d'un petit test si vous avez bien compris la leçon sur les expressions du sport.

D'ailleurs, si vous répondez bien à toutes les questions de ce livre, vous aurez peut-être des chances d'être engagé par TVA Sports!

1. Qui a dit : « **Y'a un caractère, y'a de l'enthousiasme. C't'un Jamaïcain d'origine. C'est un Italien. S'cuse moi, un latino comme nous autres** » ?
   a) Matricule 728, en décrivant un gratteux de guitare de St-Léonard.
   b) Ron Fournier, en interprétant une chanson à propos de Pacioretty sur l'air de Da Giovanni à la manière de Bob Marley.
   c) Jean Perron, en parlant de P.K. Subban, qui fête un peu trop selon lui après avoir marqué un but.

2. **Qu'est que François Allaire a vraiment dit, en parlant de Patrick Roy ? :**
   a) À mon sens, il est unique.
   b) Il est unique en son sens.
   c) Il est dans un sens unique.

3. Qui a dit : « **Tant qu'il y a de l'espoir il y a de la vie** » ?
   a) Eddy Savoie, dans une publicité des Résidences Soleil.
   b) Dave Morissette, en parlant des futurs Nordiques.
   c) Patrice Bergeron, après une commotion cérébrale.

4. **Quelle expression a déjà utilisée Benoît Brunet pour souligner l'expérience légendaire d'un entraîneur ?**
   a) Il en a vu des vertes et des pourries.
   b) Il en a vu des roses et des pas mûres.
   c) Il en a vu des vertes et des framboises.

5. Qui a dit : « **C'est beaucoup d'argent pour un gars qui est rendu au chemin des croisés** » ?
   a) Harrisson Ford, dans *Indiana Jones et la dernière croisade.*
   b) Marc Bergevin, à propos de Tomas Vanek qui fait son chemin de croix.
   c) Mario Tremblay, lui-même rendu à la croisée des chemins.

6. Qui a dit : « **Quand le tube est sorti de la pâte à dents, tu le remets pas dedans** » ?
   a) Michel Therrien, blaguant à propos des taches sur son veston.
   b) Alexander Radulov, expliquant pourquoi il a perdu des dents.
   c) Denis Coderre, expliquant pourquoi David Desharnais devrait être échangé.

7. Qui a dit : « **Ça fait longtemps que je roule ma boule** » ?
   a) Martin Brodeur
   b) Jocelyn Lemieux
   c) Manon Massé
   d) Toutes ces réponses.

8. Qui a dit : « **Il est monté sur ses quatre chevaux** » ?
   a) Sam Hamad, en parlant de Pierre-Karl Péladeau.
   b) Pierre Houde, en décrivant une course de voitures électriques.
   c) Yvon Pedneault, en parlant de Guy Carbonneau.

9. Qui a dit : « **C'est la goutte qui a mis le feu aux poudres.** » ?
   a) Le Doc Mailloux, en parlant de l'octroi du droit de vote aux femmes.
   b) Mario Tremblay, en parlant de Patrick Roy qui avait la goutte au nez.
   c) Marc De Foy, en parlant du Propécia de José Théodore.

10. Qui a dit : « **Dieu seul le sait, et le Bon Dieu s'en doute** » ?
    a) Michel Villeneuve, très douteux.
    b) Daniel Bouchard, très croyant.
    c) Le pape François, un peu des deux.

INSTRUCTEUR

BOB
HARTLEY

BOB HARTLEY

BOB HARTLEY

Taille : 2 ⅓ de Coupe Stanley | Poids : 58 btl de Gatorade
Droitier | Né : 09-09-60 | Hawkesbury, On

ANNÉES D'EXP.	COUPE STANLEY	CHAMPIONNATS	SHAMPOIOING GRECIAN FORMULA	CITATIONS *SPORTNOGRAPHE*	CITATIONS *DANS MON LIVRE À MOI*
21	1	4	0	38	5

Bob Hartley, de son vrai nom Robert Hartley, a remporté les grands honneurs avec toutes les équipes qu'il a dirigées : Championnat suisse division A, la coupe du Président (Championnat junior québécois), la coupe Calder (Ligue américaine de hockey), la coupe Stanley, sans oublier la coupe de cheveux qui a fait sa renommée auprès de l'assistance féminine aux matchs de l'Avalanche du Colorado.

Entraîneur de carrière, il est sélectionné comme entraîneur adjoint pour le match des étoiles en 2007. En 2015, il reçoit le trophée Jack Adams remis au meilleur entraîneur de la LNH alors qu'il est à la barre des Flames de Calgary. Tout en poursuivant sa carrière d'entraîneur, il participe à différentes émissions sportives, notamment à l'émission de radio Jean-Charles en liberté au 91.9 Sports, où il démontre avec humour et intelligence sa grande connaissance du hockey en nous offrant les expressions les plus colorées du milieu, et ce, à notre plus grand plaisir.

✖ FAIT SAILLANT ✖

Il remporte la coupe Stanley, en 2001,
avec l'Avalanche du Colorado

Repêché : par l'Avalanche du Colorado en 1999

sportnographe.com

LE DIRE AVEC STYLE

Selon Wikipédia, « une figure de style est un procédé d'expression qui s'écarte de l'usage ordinaire de la langue et donne une expressivité particulière au propos ».

Inutile de dire que la figure de style règne en roi et maître sur la couverture du sport. Donner une expressivité particulière au propos peut faire toute la différence entre un but chanceux et un but spectaculaire. Avec un peu d'expressivité, un descripteur peut donner à Philip Danault des airs de Wayne Gretzky.

La langue des commentateurs sportifs est en effet composée d'une pléthore de métaphores médicales, d'allégories victorieuses et de lancers frappés hyperboliques.

Les pléonasmes, les lapalissades et les contradictions sont aussi fréquents dans le discours des acteurs des médias sportifs. Nous n'accepterions probablement pas ce genre de faux pas chez les commentateurs généralistes, mais dans le microcosme du sport, ces écarts de langage sont tolérés et contribuent même à la grandeur du spectacle.

24 ÉVIDENCES ÉVIDENTES

Le truisme, qui est aussi appelé « vérité de La Palice »,
est régulièrement utilisé par les experts sportifs.
Les évidences, dans le sport, sont bien souvent très
évidentes. Si le seigneur de La Palice avait vécu au
21e siècle, il aurait sans doute été engagé par RDS.
En voici quelques exemples.

*C'est une chose où vraiment Ryan O'Byrne doit être
excellent s'il veut exceller.*

— **Enrico Ciccone, évidemment évident.** [88]
27 novembre 2009

*Écoute, ça là, ça se fait pas. Pis pire que ça,
t'as pas le droit de faire ça.*

— **Bob Hartley, pire que pire.** [89]
25 février 2010

Il s'est déplacé latéralement de côté.

— Denis Potvin, littéralement pléonastique. [90]
16 février 2006

Le gazon est toujours plus vert à l'extérieur.

— José Théodore, amateur de pelouse. [91]
10 avril 2006

Si le Canadien avait remporté la victoire,
ça aurait été le point tournant du match.

— Jacques Martin, qui tourne en rond. [92]
3 mai 2006

Les Bruins ont eu un bon début de match,
notamment en première période.

— **Yvon Pedneault, qui a une bonne notion du temps.** [93]

15 avril 2008

Ça prouve une chose : les matchs doivent être joués
au complet avant qu'ils soient complétés.

— **Pierre Houde, complètement au complet.** [94]

8 mai 2013

Des buts gagnants, ça en prend pour gagner.

David Desharnais, qui dit les vraies affaires. [95]
17 novembre 2015

Dans le baseball d'aujourd'hui, tu te dois de marquer des points.

— Rodger Brulotte, instructif. [96]
14 septembre 2006

Tsé, on dit tout le temps le cliché
que les séries naissent dans les playoffs,
pis j'pense que c'est vrai.

— Guillaume Latendresse, bilingue. [97]
1er mai 2013

À chaque jour, c'est une nouvelle journée.

— Steve Bégin, moins qu'hier, plus que demain. [98]

25 octobre 2005

Les Sénateurs, pour bien jouer, doivent marquer des buts offensivement.

— Norman Flynn, qui n'aime pas les buts défensifs. [99]

7 février 2006

Boston a gagné en marquant le but de la victoire !

— **Yvon Pedneault, fin analyste.** [100]
5 décembre 2006

*Le Canadien a travaillé fort hier soir,
mais la meilleure équipe était définitivement
sur la glace.*

— **Jacques Demers, sur la passerelle.** [101]
7 février 2007

Mon rêve, c'est de faire qu'est-ce que j'ai à faire.

Jonathan Roy, ambitieux. [102]
16 novembre 2008

Ça devient frustrant pour une équipe qui aime pénétrer avec la rondelle en possession de rondelle.

— Benoît Brunet, redondant. [103]
17 avril 2009

Pour lui la discipline, tant sur la glace que sur la patinoire, était extrêmement importante.

— Michel Villeneuve, pas très discipliné. [104]
1er juin 2009

Vous savez, vous jouez contre une équipe que
c'est la même que vous jouez contre.

— **Pat Burns, qui joue contre lui-même.** [105]
14 juin 2009

Définitivement, notre troisième et quatrième trio
nous apportent de la contribution.

— **Jacques Martin, qui contribue à apporter.** [106]
14 mars 2010

Chez l'Canadien là, on sait pas encore qui
va jouer avec qui. On est rendus au point
d'expériences expérimentales.

— **Michel Bergeron, qui expérimente avec la langue.** [107]
1er octobre 2010

Alors effectivement, comme tu le mentionnes,
avoir une bonne nouvelle, ce serait une très
bonne nouvelle.

— **Mario Tremblay, très précis.** [108]
7 septembre 2011

Si on veut compter plus de buts, il faut compter
plus de buts difficiles, qu'on appelle des buts
difficiles à compter.

— **Pierre Gauthier, avec difficulté.** [109]
23 janvier 2012

*Karlsson, depuis le début des séries, a cinq
mentions d'assistance.*

À toutes les fois, ses mentions d'assistance résultent avec des buts.

— Michel Bergeron, logique. [110]
23 avril 2017

*On sait jusqu'à quel point les Sénateurs sont
une équipe qui joue bien avec la rondelle et
qui joue bien sans la rondelle.*

— Alain Vigneault, polyvalent. [111]
2 mai 2017

LE TOP 5 DES COMMENTAIRES
LES PLUS HUMANISTES

Pour certains, le fait que les joueurs de hockey soient aussi des humains ne nécessite pas de longues explications. Pourtant, les experts sportifs n'hésitent pas à le rappeler de façon régulière pour que l'amateur de sport comprenne bien que derrière la machine de guerre qu'est le joueur de quatrième trio se cache aussi une personne qui vit des émotions. Voici les cinq meilleurs commentaires de l'histoire de l'humanité.

5^E *J'pense qu'avec mon livre, ça montre au monde que tout le monde est humain.*

— Éric Gagné, rassembleur. [112]
2 novembre 2012

4^E *Avec les performances que Carey Price nous a habituées, on dirait qu'y'a pas droit à avoir une mauvaise séquence.*

Tsé, c't'un humain sur deux patins, comme tout le monde !

— Bob Hartley, qui fréquente un peu trop les arénas. [113]
7 février 2017

*Être un être humain pour une journée,
c'est super important.*

— **David Desharnais, humain une fois
de temps en temps.** [114]
12 janvier 2016

*Les joueurs sont des humains beaucoup
plus que l'on pense.*

— **Jacques Demers, qui brise un mythe.** [115]
12 avril 2006

*Si cette histoire-là, ça été un bateau
monté pour un contrat de publicité,
c'est épouvantable et j'aurai tout vu
dans ma carrière d'être humain.*

— **Mike Bossy, qui a une carrière très accaparante.** [116]
12 juin 2017

19 CHOSES
ET LEUR CONTRAIRE

S'il y a bien des évidences qui doivent être expliquées beaucoup trop longtemps au sein de l'écosystème sportif, on trouve aussi de nombreuses contradictions. Certains analystes en viennent même à se contredire dans une même phrase, ce qui n'est pas nécessairement mauvais. Lorsqu'on dit une chose et son contraire, il y aura toujours quelqu'un pour être d'accord avec nous.

Si au moins, y'aurait eu l'indécence de dire merci.

— **Mario Roberge, en parlant du français indécent de Koivu.** [117]

1er septembre 2009

Est-ce que c'est un problème pour les entraîneurs d'évoluer à trois trios, six défenseurs ?

Tout le monde a répondu dans l'affirmative : non c'est pas un problème.

— **Mario Tremblay, affirmativement négatif.** [118]

14 novembre 2010

C'est de l'anti-coaching à l'envers !

Gabriel Grégoire, étourdissant. [119]
15 avril 2010

Il a juste continué, tout simplement,
d'arrêter de dépenser.

— Jeremy Filosa, qui fait preuve de simplicité involontaire. [120]
5 août 2009

On s'en attend toujours jamais.

— Cédrick Desjardins, qui devrait savoir

qu'il ne faut jamais dire jamais. [121]
17 août 2010

*C'est arrivé à un p'tit gars de l'Université
de Pennsylvanie y'a deux semaines.
Il s'est enlevé la mort par pendaison.*

— **Gabriel Grégoire, à propos d'un joueur ressuscité.** [122]
22 septembre 2010

Je trouve sa rapidité d'exécution trop lente.

— **Guy Lafleur, d'une lenteur rapide.** [123]
28 novembre 2007

*Lorsque tu montres des choses négativement,
faut que tu sois positif.*

— **Mario Tremblay, qui s'annule.** [124]
15 octobre 2010

Max a une personnalité.
Tout le monde a une personnalité.

Moi je suis un peu comme ça non plus.

— Guy Carbonneau, qui a une personnalité, ou pas. [125]

5 juillet 2016

On essaie tous d'avoir un certain avantage,
donc j'ai pris ça avec un très gros grain de sel.

— Daniel Brière, qui dénature complètement le grain de sel. [126]

15 juillet 2016

Il démontre des qualités qu'on pensait insoupçonnées.

— Michel Villeneuve, que l'on soupçonne d'être mêlé. [127]

10 décembre 2008

Voici le spécialiste de la polyvalence !

Yvon Pedneault, spécialiste en paradoxes. [128]
15 janvier 2007

Il est rétrogradé au 4ᵉ trio,

mais moi, je vois ça comme une promotion vers le bas.

— **Denis Gauthier, qui descend par le haut.** [129]
20 mars 2013

*Tsé on avait parlé de sortir la rondelle
par le centre au lieu du milieu de la glace,
mais ça n'a pas été exécuté.*

— **Jacques Martin, centriste.** [130]
14 octobre 2011

*Il s'est retrouvé au paradis, mais c'était le paradis
de l'enfer parce qu'il ne comprenait plus rien !*

— **Norman Flynn, qui interprète la Bible à sa façon.** [131]
18 mai 2006

Georges Laraque joue un excellent match.

Mais quand Georges Laraque parle, y devrait pas parler.

— **Jacques Demers, qui prodigue ses conseils.** [132]
8 janvier 2010

Saku, si vous vous asseoiriez avec, un contre un, y parle quand même assez bien français.

Guy Carbonneau, qui parle quand même assez bien français. [133]

22 septembre 2008

Si je fais le bilan des années Gainey,

un seul mot me vient à l'esprit : constat d'échec.

— Yvon Pedneault, fort en maths. [134]
9 février 2010

Y'a rien qu'un mot qui me vient en tête, c'est qu'il faut qu'on apprécie chaque moment.

— Michel Therrien, en un mot, mais pas vraiment. [135]
29 janvier 2013

4 IDÉES DE RÉNOVATION
POUR VOTRE MAISON

On dit souvent d'un gardien qu'il a fermé la porte devant le lancer d'un joueur adverse. On dit aussi que le Canadien a une fenêtre pour gagner la coupe Stanley. Un entraîneur dans le vestiaire parle à ses joueurs entre quatre murs. Il y a d'autres fois par contre où l'on mélange tout ça pour bâtir de drôles de maisons.

Ils ont obtenu 20 lancers en troisième période et dans le cas de Carey Price,

bien, le mur a fermé la porte.

— Mario Tremblay, charpentier. [136]
6 mars 2011

C'est un gars très terre à terre, mais entre quatre portes, c'est un autre Guy Lapointe, je vous jure.

— Mario Tremblay, qui ne vit sûrement pas dans un loft. [137]
4 septembre 2014

C'est 347 matchs d'expérience en séries, pis là on cogne à la porte de la fenêtre là.

— Mario Langlois, qui n'a pas peur de casser des vitres. [138]
22 octobre 2015

Je pense que j'ai frappé mon plafond de talent.

— Jonathan Roy, gardien moyen et chanteur moyen. [139]
10 mai 2009

LES 6 MEILLEURES EXAGÉRATIONS
DE TOUS LES TEMPS, ET MÊME PLUS

L'hyperbole est évidemment très fréquente dans le discours de l'expert sportif. L'exagération fait intrinsèquement partie du sport puisque les exploits sportifs sont par définition extraordinaires. Il faut donc en mettre plus que le client en demande pour ajouter à la grandeur de l'événement. Voici au moins six fois où un expert en a mis un peu trop.

Ils commencent à gagner des matchs,
mais au moment que Montréal les a battus,
c'était la pire équipe dans la Ligue nationale,
sinon la pire.

— **Pat Burns, négatif.** [140]
9 novembre 2009

On attendait le monde entier, mais finalement ça
avait été un mini-flop total.

— **Jean-Patrick Balleux, nuancé.** [141]
29 août 2011

Y'a rien de facile dans la vie, encore moins dans le hockey.

Ian Laperrière, qui dissocie le hockey et la vie. [142]
5 novembre 2007

Les gars se sont présentés.

Ils se sont présentés physiquement aussi.

— Michel Therrien, présent mentalement. [143]
9 janvier 2017

Quel jeune joueur d'abord brillant,

mais intelligent aussi.

— Pierre Houde, qui donne dans la surenchère. [144]
1er avril 2006

On peut dire sans trop se tromper, que Carey Price est le meilleur gardien de but au monde, pour ne pas dire la planète présentement.

— Mario Tremblay, qui définit une nouvelle frontière. [145]
25 décembre 2016

8 SURPRISES QUI NOUS ONT PRIS PAR SURPRISE

Le sport est un monde d'étonnement, d'émerveillement et de surprise. Or, la surprise n'y est pas toujours inattendue. Il arrive régulièrement que les experts s'attendent à une surprise ou bien soient étonnés de n'être pas surpris. Voici donc huit phrases au dénouement surprenant.

Ça me surprend immensément, mais pas vraiment.

— Pierre Houde, immense. [146]
17 novembre 2006

Le hockey, c'est un jeu qui demande le cerveau qui fonctionne toujours.

Pis toujours attendre l'inattendu.

— **Pat Burns, patient.** [147]
9 février 2009

Je m'attendais à ce que Washington gagne, mais je suis pas surpris que Tampa ait causé la surprise.

Mais c'est la façon dont la surprise a été causée, qui vraiment pour moi est étonnante.

— **Denis Gauthier, étonné d'être surpris.** [148]
6 mai 2011

Moi, je pense que ce sera Patrick Roy. Mais ça me surprendrait pas qu'il y ait une surprise !

Patrice Brisebois, qui ne se laisse pas surprendre. [149]
4 juin 2012

Écoute, ça me surprendrait, ça me surprendrait.

Mais je serais pas surpris.

— Mario Tremblay, surpris, ou pas. [150]
26 décembre 2016

Alors peut-être que c'est le manque de surprise, la surprise.

— Julien BriseBois, surpris de ne pas être surpris. [151]
26 juin 2012

Jacques, es-tu surpris de ces surprises-là dans la Ligne nationale ?

— Michel Langevin, qui surprend avec sa question. [152]
16 avril 2010

L'INÉVITABLE RISQUE D'ARRIVER.

Yvon Pedneault, devin. [153]
21 avril 2015

OLIVIER REÇOIT...
PIERRE HOUDE

Pierre Houde décrit les matchs du Canadien depuis de nombreuses années avec un grand professionnalisme. Dans le feu de l'action, il arrive parfois que les mots se bousculent et que le sens échappe aux auditeurs, ce qui est tout à fait normal.

Osons une entrevue imaginaire avec quelques-unes de ses citations les plus savoureuses.

— Toi, Pierre, du haut de la passerelle, comment résumerais-tu un match de hockey ?

C'est un magnifique spectacle son et lumière et audio.

— Ah oui. J'espère que tu as des bouchons pour les oreilles. Mais si on y allait de manière plus concrète ?

Les matchs doivent être joués au complet avant qu'ils soient complétés.

— Qu'est-ce que tu veux dire au juste ?

Un match est rendu où il est après 60 minutes.

— Bon. Dis-moi, quel genre de match aimes-tu décrire ?

Un match qui s'en vient de plus en plus égal.

— Et toi, tu es de moins en moins précis. Mais pourquoi les matchs sont de plus en plus serrés ? Les joueurs deviennent nerveux ?

Il y en a qui se mordent les doigts, ils sont même rendus jusqu'au coude.

— Ah bon. Ça doit pas goûter bon si je me fie à l'odeur de mes gants de hockey. Et quelle image t'a le plus marqué pendant un match?

La rondelle est restée coincée dans les airs.

— Ayoye. Je me demande comment ils ont fait pour la dépogner de là. Sinon, un événement inoubliable pour toi?

Kovalev qui profite du freinage ABS d'Higgins.

— Ah oui, je m'en souviens avec émotion moi aussi. Et quel genre de match du Canadien as-tu le plus de plaisir à décrire?

Le Canadien l'emporte en revenant de l'arrière et joue le même tour à l'adversaire que celui d'hier contre lui.

— Très bien. Clair comme de l'eau de Zamboni. Sinon, si on parlait d'art?

Le revers est un art qui se perd.

— Je voulais plus parler des grands peintres que tu as peut-être côtoyés…

Alors le Gauguin des analystes, à mes côtés, Benoît Brunet!

— Ok, tu ramènes vraiment tout au hockey. Tant pis. En terminant, dis-moi, comment ont été tes vacances?

On a eu droit à un pâté chinois de météo!

— Eh lala. J'espère que c'était pas du maïs en crème, ça pas dû être le fun à laver. Ben merci Pierre!

Il est maintenant temps de tester vos connaissances sur les figures de style les plus populaires du monde du sport. À vous de jouer !

1. Qui a dit : « **Lorsque tu montres des choses négativement, faut que tu sois positif** » ?
   a) Le ministre Carlos Leitao, en parlant de son dernier budget.
   b) Marc Bergevin, pour nous faire croire que le départ de Subban était une bonne chose.
   c) Mario Tremblay, nostalgique de son passé d'entraîneur adjoint au Minnesota.

2. **Quel cliché dit-on trop souvent selon Guillaume Latendresse ?**
   a) Les séries naissent dans les playoffs.
   b) Les séries, c'est la vraie saison qui commence.
   c) Une série qui roule n'amasse pas mousse.

3. **Qu'est-ce que Jonathan Roy a vraiment dit ?**
   a) J'ai le talent dans le plafond.
   b) Je regarde mon plafond quand je doute de mon talent.
   c) Je pense que j'ai frappé mon plafond de talent.

4. Qui a dit : « **Être un humain pour une journée, c'est super important** » ?
   a) David Desharnais, après avoir joué dans un match au bénéfice des petits enfants malades.
   b) Ron Fournier, en invitant ses auditeurs à arrêter de crier comme des animaux.
   c) Jean-Paul Sartre, dans son essai *L'existentialisme est un humanisme*.

5. **Qu'est-ce que Michel Villeneuve a vraiment dit ?**
   a) On soupçonne qu'il démontre des qualités de penser.
   b) Il pense que ses qualités démontrent des soupçons.
   c) Il démontre des qualités qu'on pensait insoupçonnées.

6. **Qu'est-ce que Denis Gauthier a vraiment dit ?**
   a) Il a été promu au 2e trio. Mais moi, je vois ça comme une rétrogradation vers le haut.
   b) Il est rétrogradé au 4e trio. Mais moi, je vois ça comme une promotion vers le bas.
   c) Il joue encore sur le 3e trio. Mais moi, je vois ça comme un statu quo en évolution.

7. **Qu'est-ce qui serait une bonne nouvelle pour Mario Tremblay ?**
   a) Que P.K. Subban prenne sa retraite, ce serait une bonne nouvelle.
   b) Avoir une bonne nouvelle, ce serait une très bonne nouvelle.
   c) Ravoir mon permis de conduire, ça serait une très bonne nouvelle.

8. Qui a dit : **« Max a une personnalité. Tout le monde a une personnalité. Moi je suis un peu comme ça non plus »** ?
   a) Chantal Machabée, en parlant de Maxim Lapierre.
   b) Stephen Harper, en parlant de Maxime Bernier.
   c) Guy Carbonneau, en parlant de Max Pacioretty.

9. **Gabriel Grégoire a déjà parlé d'anti-coaching à l'envers. De quoi parlait-il ?**
   a) D'une méthode qui consiste à donner des directives aux joueurs en marchant sur les mains.
   b) D'une méthode qui consiste à dire au joueur de ne pas compter de buts pour qu'ils le fassent par esprit de contradiction.
   c) Du coaching.

10. **Quelle phrase surprenante a déjà dit Julien BriseBois, adjoint du directeur général du Tampa ?**
    a) Le bonheur, c'est le temps que dure la surprise de ne plus avoir mal.
    b) Peut-être que c'est le manque de surprise, la surprise.
    c) Les surprises de la pensée sont comme celles de l'amour : elles s'usent.

ANIMATEUR

DANS MON
LIVRE
À MOI

PIERRE HOUDE

PIERRE HOUDE

Taille : 4 ³/₄ télé HD **/** Poids : 626 micros
Droitier **/** Né : 14-07-57 **/** St-Laurent, Qc

ANNÉES D'EXP.	PRIX GÉMEAUX	PRIX ARTIS	FAMILLE CÉLÈBRE	CITATIONS *SPORTNOGRAPHE*	CITATIONS *DANS MON LIVRE À MOI*
27	3	1	1	56	9

Grand fan de la Formule 1, Pierre Houde a su réunir son amour pour le sport et des études aux HEC en devenant directeur général du grand prix de la Formule 1 de Montréal. C'est en 1989 qu'il fait le grand saut à la télé en prenant les rênes de la description du hockey à RDS.

S'inscrivant dans la grande lignée de René Lecavalier, il démontre une rigueur et une éloquence qui font rougir de nombreux analystes. Mais son habileté ne l'empêche pas de commettre quelques écarts de langage à notre plus grand plaisir !

✖ FAIT SAILLANT ✖

Il a déjà été D.G. du grand prix de formule 1 de Montréal

Repêché : par RDS en octobre 89

sportnographe.com

C'EST MÉDICAL,
PIS ÇA FAIT MAL

À écouter les dirigeants d'équipes de hockey, l'anatomie du joueur serait composée de deux parties : le haut et le bas du corps.

C'est pour ne pas donner trop d'indices sur la nature des blessures que les entraîneurs ont fini par se limiter à cette division simpliste du corps humain. On se rappelle avec émotion la célèbre réponse de Pat Burns alors qu'il était derrière le banc du Canadien et que des journalistes lui demandaient des détails sur la nature d'une blessure :

« Le terme exact, je le sais pas. Je sais que ça a à faire avec un muscle en dedans de la laine. Une laine de quelque sorte. Faudrait demander au médecin, moi des termes de docteur, je sais pas pourquoi tu me demandes ça, j'ai jamais les réponses. Je sais que c'est médical, pis ça fait mal. »

De nos jours, les entraîneurs connaissent davantage la nature des blessures mais ne veulent pas en révéler tous les détails.

Les experts sportifs rivalisent quant à eux d'imagination pour mettre des noms sur les blessures que tentent de nous cacher les autorités de l'équipe. Parce que le sport fait appel à tous les sens et que toutes les parties du corps sont mises à contribution. Peu importe leur désignation.

L'ANATOMIE
DU JOUEUR DE HOCKEY

Le corps des joueurs de hockey est mis à rude épreuve sur la glace. Il l'est aussi dans la bouche des intervenants du monde du sport qui nomment bien souvent des parties du corps sans posséder, comme la plupart du monde, un baccalauréat en biologie.

Tsé, ça revient un petit peu à la façon que Therrien, dirige son équipe.

C't'une équipe qui a un certain bras de fer, qui tient son équipe sur la corde raide toujours.

— Denis Gauthier, qui joue au bras de fer sur la corde raide. [154]
6 janvier 2014

J'ai accepté ce poste-là à cœur ouvert.

— Guy Carbonneau, opéré du cœur. [155]
4 septembre 2007

Ça c'est le but qui fait la différence selon moi, qui a donné le coup de cœur.

— Norman Flynn, cardiaque. [156]
8 décembre 2009

Monsieur Courteau, lorsqu'y vient le temps de parler de certains agents, a un peu le feu dans les dents.

— Martin Lemay, qui a une rage de dents. [157]
7 juin 2009

*Est-ce que tu es tombé en bas de ton dentier hier
quand tu as appris cette nouvelle-là ?*

— **Michel Villeneuve, qui en perd ses dents.** [158]

17 janvier 2014

*Définitivement, Markov a mis beaucoup d'épaule
à la roue pour remporter cette victoire-là.*

— **Michel Therrien, qui mesure le travail en nombre d'épaules.** [159]

14 octobre 2014

Tout le monde met la roue à l'épaule, comme on dit.

Gilbert Delorme, qui pense qu'on dit ça. [160]
17 octobre 2016

Les Thrashers peuvent voir l'avenir du bon pied.

— Michel Therrien, visionnaire, mais avec les pieds. [161]

23 avril 2007

Faque là, tout le monde se pompe l'estomac là.

— Pat Burns, qui bombe le torse. [162]

29 mars 2009

Ma femme, aimant beaucoup le jardinage, elle avait deux tendinettes au coude.

— Yvan Cournoyer, dont la femme a de toutes petites tendinites. [163]

17 août 2009

Quel joueur !

Ses jambes courent aussi vite que ses bras.

— Claude Quenneville, qui pense qu'on peut courir avec les bras. [164]
2 septembre 2007

Y'a les deux doigts cassés.

Est-ce que c'est l'auriculaire pis le majeur
ou si c'est l'auriculaire pis le p'tit doigt ?

— Michel Langevin, qui a de la misère avec ses doigts. [165]
26 novembre 2015

Les gars, y vont comprendre qu'ils ne peuvent
pas revenir comme ça en cliquant des doigts!

— **Joël Bouchard, claqué.** [166]
24 janvier 2009

On sait que Marc veut échanger Travis Moen.
Ça se fera pas en cliquant des doigts comme ça.

— **Mario Tremblay, qui clique partout.** [167]
1er octobre 2014

Carey, y'a juste 21 ans, on veut pas le blâmer du doigt.

— **Georges Laraque, compréhensif.** [168]
25 avril 2009

*C'est pas ça qui me fait repousser les poils
sur les avant-bras quand tu m'arrives avec ça.*

— **Mario Tremblay, qui nous donne la chair de poule.** [169]
1er avril 2011

*Tsé dans le fond, c'est comme un doigt d'honneur
silencieux à tout le monde, non ?*

— **Mario Langlois, qui a déjà vu des doigts d'honneur bruyants.** [170]
18 juillet 2016

C'était une mauvaise décision. Y'a été pris un peu les pieds plats en partant, mais moi je pense qu'il a été correct.

— **Gilbert Delorme, les pieds plats dans les plats.** [171]
27 mars 2017

À l'entraînement, l'accent a été mis sur les supériorités numériques, le tendon d'Achille du Canadien.

— **Yvan Martineau, boiteux.** [172]
11 janvier 2009

On s'est peut-être mis les pieds dans les bras.

Michel Villeneuve, contorsionniste. [173]
1er juin 2009

*Ils faisaient des pieds et des bras
pour tout le monde.*

— **Alexandre Burrows, qui n'utilise pas ses mains.** [174]
1er juin 2011

*Tu peux voir que c't'un gars qui a de la veine
de capitaine dans lui.*

— **Daniel Brière, veinard.** [175]
25 septembre 2015

En même temps, si les gardiens de but portent un équipement assez volubile, avec assez de volume, on veut les protéger.

— **Enrico Ciccone, qui se reprend de façon volubile.** [176]
17 novembre 2015

J'ai vu un geste posé par Gomez : une p'tite tape en arrière de la tête sur les jambières à Sergeï qui avait fait un beau jeu.

— Jacques Demers, de la tête aux pieds. [177]
11 décembre 2009

Certains des têtes dirigeantes de l'association des joueurs ont été accusées de maux de tête et ainsi de suite.

— Jacques Demers, qui donne mal à la tête. [178]
11 mars 2010

S'cuse moi, j'ai eu, comment c't'appelles ça,
un lapsus ?

Une crampe aux cervelles, ça m'arrive souvent.

— **Gilbert Delorme, crampé.** [179]
23 septembre 2016

On rit de Scott Gomez, on le ridiculise.
Sérieusement, y'a pas mis la tempe dans
la tête à Glen Sather pour l'avoir son contrat.

— **Georges Laraque, le fusil sur la tempe dans la tête.** [180]
9 février 2012

Tsé, veut veut pas, le hockey,
c'est une partie de ta vie.

Mais la tête, ça va te
suivre toute ta vie aussi.

— Michaël Bournival, qui aimerait garder sa tête toute sa vie. [181]
2 août 2015

J'pense que ça se lisait dans le visage corporel des
gars quand y'on commenté les questions là-dessus.

— Mario Langlois, physionomiste. [182]
11 septembre 2015

Une rondelle qui a des yeux, pour reprendre une expression très populaire dans le monde du baseball.

— René Pothier, qui joue au baseball avec une rondelle. [183]

11 mai 2006

On voyait encore la passion dans ses yeux.
Y regardait sa photo, y regardait dans l'vestiaire,
puis ça me donnait des papillons au cœur de voir ça.

— Maxim Lapierre, qui a peut-être des problèmes cardiaques. [184]

19 mars 2010

C'tun gars, y'est brillant, mais dans tête, c'est pas fort

Gabriel Grégoire, contradictoire. [185]
26 septembre 2012

12 ENDROITS
OÙ ÇA FAIT MAL

Malgré sa connaissance réduite de la médecine, l'expert sportif doit régulièrement se prononcer sur les blessures que subissent les joueurs. Il le fait avec tellement d'enthousiasme qu'on pourrait le croire hypocondriaque. Cela expliquerait pourquoi il existe autant de maladies imaginaires dans le monde du sport.

C'est la première fois que je me blesse à un genou.
Je ne savais même pas que ça existait !

— Steve Bégin, qui part de loin. [186]
17 avril 2006

J'veux pas dénigrer les autres sports, mais ce qui
est dur pour un joueur de hockey, c'est que quand
il est malade, il est malade pour vrai !

— Jacques Demers, qui dénigre les autres sports. [187]
8 janvier 2007

Aaron Ward a reçu un tir en plein dans les côtes.
C'est peut-être un endroit qui est moins bien
protégé par les jambières.

— Pierre Houde, qui ne sera jamais employé chez Sports Experts. [188]

11 avril 2008

Carey a pas une mononucléose. Carey a une blessure légitime au bas du corps.

— Guy Carbonneau, qui estime qu'une mononucléose serait illégitime. [189]

31 janvier 2009

*Je ne veux pas être nostalgique, mais revenir au jeu
après une longue absence, c'est toujours difficile.*

— **Patrice Brisebois, tourné vers l'avenir.** [190]
29 décembre 2004

*Les joueurs comme Tucker, faut pas qu'ils se
surprennent de se ramasser le nez tête première
dans la bande.*

— **Dany Dubé, dont le nez a une tête.** [191]
15 octobre 2005

*Phil Kessel des Bruins de Boston souffre d'un cancer
qui frappe surtout les hommes.*

— **Marie-Claude Savard, à propos du cancer des testicules.** [192]
13 décembre 2006

FAUT PAS QUE T'ESSAIES DE BLESSER QUELQU'UN INTENTIONNELLEMENT.

Jacques Demers, sans s'en rendre compte. [193]
20 mai 2006

Quand tu vas jouer dans le sable une fois
par année, tu sors-tu avec des puces de matelas ?

— **Michel Bergeron, qui pose les vraies questions.** [194]

3 février 2016

Quand que la chaîne à débarque au niveau
des blessures, faut que tu sois en mesure
de les remplacer.

— **Michel Therrien, qui pourrait faire le Tour de France.** [195]

27 août 2013

*Y'a eu un appendice, pis y'est revenu quoi, trois
quatre games après?*

Faque c'est un gars qui récupère assez vite.

— **David Desharnais, apprenti médecin.** [196]
4 octobre 2013

Tu trouves pas que ta décision est trop rapide?

On vient d'être éliminés, on saigne, la cicatrice est grande ouverte.

— **Mario Tremblay, qui cicatrise rapidement.** [197]
14 octobre 2010

LA VIOLENCE
MAL CONJUGUÉE

Les blessures peuvent parfois résulter d'un accident, mais le hockey est un sport violent. Alfred Hitchcock aurait même déjà dit que « le hockey sur glace est un savant mélange de glisse acrobatique et de Seconde Guerre mondiale ». On ne serait d'ailleurs pas surpris que la ville de Québec tente d'envahir la Pologne si les Nordiques ne sont pas de retour bientôt.

Dans le monde parallèle du hockey, il est tout à fait légal de vouloir décapiter un adversaire ou de lui fesser dans le visage jusqu'à ce qu'il subisse une commotion cérébrale.

Les batailles sont donc un sujet privilégié des experts sportifs de l'arrière-garde et si les choses tendent à changer, ils ont tout de même encore un petit penchant pour le hockey qui se jouait comme dans le temps d'Eddie Shore.

Si deux gars ont l'intention de vouloir se battre, écoute bien là, gardez vos casques, pis allez-y, battez-vous, pis quand ce sera fini on ramassera vos gants pis vous allez avoir chacun cinq minutes.

On commencera pas à jouer à la danse à la tutelle. Comment t'appelle ça donc ? À la dentelle. Voyons, c'est du hockey, come on !

— **Mario Tremblay, sous tutelle.** [198]
25 octobre 2013

Monsieur ou moi, on n'aime pas les bagarres.

Ben allez-y pas au hockey allez faire du tutu.

— **Gabriel Grégoire, qui imite quelqu'un qui aime les bagarres.** [199]
24 septembre 2009

R'garde, le message est pas compliqué : jouons comme des Flyers.

C'est comme ça les Flyers, c'est d'valeur à dire là, y'en a qui vont me trouver barbarique là, mais c'est ça les Flyers, ça toujours été ça, et c'est ça qui va les relancer.

— **Norman Flynn, barbarique.** [200]
16 décembre 2009

Dans nos matchs simulés, ils n'ont pas le feu rouge pour les batailles, j'pense que c'est inutile de se batailler ici.

— **Jacques Martin, qui passe sur une rouge.** [201]
15 septembre 2009

Les joueurs sont en général un peu plus petits, donc les batailles dans les coins pis toute ça, sont un peu moins non existantes.

— **Bob Hartley, qui n'existe pas.** [202]
20 septembre 2016

Faque ces gars-là, c'est deux gars, deux matadors comme tout le monde appellent, deux goons comme tout le monde appellent.

— **Ian Laperrière, toréador.** [203]
26 septembre 2011

Vous allez voir que ça l'a rué un brin dans les rancarts.

Jérémie Rainville, au rancart. [204]
5 octobre 2015

Si Canadien aurait marché juste au carbure de la violence...

— Gabriel Grégoire, qui carbure au pacifisme. [205]
1er octobre 2008

Le gars m'é qu'y'arrive, j'ai hâte de voir ce que ça va donner. J'veux pas être préfet de malheur, mais j'ai hâte de voir.

— Norman Flynn, prophète de discipline. [206]
8 décembre 2009

C'est pas à cause qu'il a été prophète de discipline dans la Ligue pendant trois ans.

Gilbert Delorme, préfet de malheur. [207]
10 février 2015

LE SIXIÈME SENS
DES EXPERTS SPORTIFS

Les experts sportifs ont un sixième sens qui leur permet de faire abstraction des lois de la nature. À force d'observer les joueurs dans leur milieu naturel, ils ont acquis la capacité de voir avec leurs oreilles, d'entendre avec leur nez et d'avoir mauvaise haleine des yeux. Voici quelques exemples de commentateurs sens dessus dessous.

Lorsqu'on était au Minnesota, on regardait ça de la prunelle de nos yeux, comment nos jeunes vont se développer.

— **Mario Tremblay, qui voit à travers ses paupières.** [208]
10 septembre 2015

Après la mise en échec de Latendresse, on entendait le silence.

— **Michel Bergeron, qui a l'oreille fine.** [209]
27 septembre 2006

Les yeux fermés, on croirait voir José Théodore.

Martin McGuire, qui voit sans regarder. [210]
19 février 2007

Savez-vous ce que j'ai entendu ce matin ? J'en croyais pas mes yeux !

— Michel Bergeron, qui entend des yeux. [211]
7 mars 2007

Moi aussi, j'ai écouté un bon bout à la radio et c'était pas beau à voir.

— Jean Pagé, qui voit les ondes radio. [212]
19 septembre 2007

*On engage des gens pour faire de l'écoute
électronique et de l'écoute visuelle.*

— Gabriel Grégoire, qui a une très bonne écoute. [213]

26 septembre 2007

Quand on dit ces choses-là, on entend souvent des grimaces.

— Martin McGuire, qui entend les bouches se crisper. [214]

16 novembre 2007

*Y avait tellement d'émotion hier, on ne s'entendait pas.
J'avais l'air d'un sourd et muet comme Stevie Wonder.*

— Martin Lemay, qui doit se demander comment
Stevie Wonder fait pour chanter. [215]

20 février 2008

Vous savez dans le monde du hockey, il se passe beaucoup de choses. Mais y'a des choses malheureusement que

la direction se doit de fermer les yeux et regarder dans d'autres directions.

— **Mario Tremblay, qui regarde les yeux fermés.** [216]
4 mars 2012

On le voit très invisible jusqu'à maintenant.

— **Patrick Lalime, qui a de bons yeux.** [217]
9 juillet 2016

Ce soir, Pacioretty a subi une grosse mise en échec et après ça, on l'a vu un petit peu invisible.

— **José Théodore, qui a besoin de lunettes.** [218]
23 avril 2017

Dans les dernières années, la transparence de cette équipe a été mis en lumière.

— **Marc Denis, clair obscur.** [219]
3 octobre 2016

En tout cas, ça se sent à l'oeil.

Mario Langlois, qui a du pif. [220]
6 janvier 2012

Parce que ces gars-là, y t'écoutent à la lettre.

— **Bob Hartley, au pied de l'oreille.** [221]
26 novembre 2009

Justement, c'est de la musique à mes yeux.

— **Michel Bergeron, malentendant visuel.** [222]
28 février 2013

La relève qui s'en vient, ça regarde de bonne augure.

— **Georges Laraque, de bons augures.** [223]
26 novembre 2013

Je pense qu'il faut le voir du bon pied.

— Guillaume Latendresse, qui pense avec ses pieds. [224]
7 juillet 2009

J'ai lancé une perche à Pierre Rinfret
pis ça a marché, il a mordu dedans à plein nez.

— Georges Laraque, qui mord avec son nez. [225]
10 novembre 2015

C'est de l'or à mes oreilles!
Ah que j'aime ça entendre ça.

— Georges Laraque, dont la parole est d'or. [226]
27 octobre 2016

Pour vrai, à la fin d'une game, tes oreilles sourcillaient.

Georges Laraque, qui a du poil dans les oreilles. [227]
26 février 2017

Avec la tête basse, on voit mal la vision du jeu.

— Antoine Vermette, visionnaire. [228]
11 octobre 2007

Y peut pas parler, parce que c'est comme une omerta du silence.

— Gabriel Grégoire, pléonastique. [229]
19 mars 2010

C'est un magnifique spectacle son et lumière et audio.

— Pierre Houde, qui entend des deux oreilles. [230]

26 avril 2006

J'montre ça à Alain pis à Joël.

J'ai dit : est-ce que j'exagère en regardant ce que je vois ?

— Jacques Demers, qui exagère ce qu'il voit. [231]

28 avril 2010

LE STUPRE
ET LA FORNICATION

On pourrait croire que le hockey laisse peu de place pour des choses moins importantes comme la paix dans le monde, les changements climatiques ou le sexe. Or, il arrive qu'un commentateur s'échappe, parfois « à l'insu de son plein gré », comme dirait l'autre, et nous offre des perles de sagesse dont les doubles sens feraient pâlir d'envie n'importe quel auteur de littérature érotique.

En terminant François, Alain Vigneault est donc éjaculé de son fauteuil jetable ?

— **René Homier-Roy, qui avait autre chose en tête.** [232]
23 mai 2013

Gary Bettman doit se frotter les mains de jouissance.

— **Stéphane Langdeau, à plusieurs niveaux.** [233]
4 février 2016

Shane Doan qui s'est vidé le sac hier dans une station de radio de Phoenix.

Euh, qui a vidé son sac, qui s'est vidé le cœur.

— **Charles-André Marchand, qui se vide le cœur.** [234]
11 mars 2011

Regarde ça.

Ça c'est la graine d'un gardien de but vedette.

— **Patrice Brisebois, qui aime le bas du corps d'un gardien vedette.** [235]
2 juillet 2016

Ça m'a donné le coup de pouce dans le derrière pour dire : j'irai plus faire ce genre de sacrifice-là.

— **Alexandre Tagliani, par derrière.** [236]
12 juillet 2016

Gainey aime les couilles de son capitaine sous pression.

Mathias Brunet, qui trouve que le capitaine a une petite voix. [237]
4 mars 2006

Il reste que les gars sont pas faciles à pénétrer.
Tu peux pas pénétrer ces gars-là ! Tu peux pas
pénétrer ces gars-là.

— **Jean Perron, à propos des Russes.** [238]
30 octobre 2009

Quand t'es à trois, tu crées un surnombre d'un côté.
Mais quand le défenseur pénètre également, là, t'as
double pénétration.

— **Dany Dubé, osé.** [239]
12 décembre 2009

Y'a encore du racisme envers la communauté gaie.

— **Georges Laraque, contre l'homophobie noire.** [240]
2 août 2010

P.K. Subban est après mettre Chara dans ses petites culottes.

— Mario Tremblay, dans sa poche. [241]
15 mai 2014

Toutes les joueurs ont une façon différente de réagir. Y'en a c'est une petite tape sur les fesses, y'en a c'est un coup de claque sur les fesses, y'en a c'est une caresse. Sont toutes différents.

— Marc Bergevin, qui a des techniques de motivation étonnantes. [242]
29 juin 2016

Je suis totalement en accord avec la sortie de Carbo.
Mais en quelque part, faut que tu te places dans les
foufounes de Marc Bergevin.

— **Pierre Rinfret, qui a de l'ambition.** [243]
17 juillet 2016

Georges Laraque, je l'ai vu. J'vais dans les DPJ
pour des p'tits enfants, on me dit, une semaine
avant : « Georges était ici, les p'tits enfants le
caressaient. »

— **Jacques Demers, qui ne réalise pas ce qu'il dit.** [244]
22 janvier 2010

Moi j'pense que c't'un gars qui a besoin d'être aimé.

T'as besoin d'y flatter les fesses un peu de temps en temps, pis j'ose croire que Claude a essayé toutes ces choses-là.

— **Guy Carbonneau**, à propos des fesses de Galchenyuk. [245]
24 avril 2017

Pacioretty et Carey Price, on n'arrête pas de dire comment ils sont calmes ces deux-là.

Ben il serait le temps qu'ils se mettent un petit pic pic dans les fesses pis qu'y commencent à s'énerver un petit peu.

— **Mike Bossy**, qui propose une solution draconienne. [246]
25 avril 2017

Comment tu fais pour savoir si tel ou tel gars a une graine de coach ?

Michel Villeneuve, qui pose les vraies questions. [247]
13 septembre 2007

J'pense j'ai jamais eu la chance d'être aussi proche d'une gang de gars, sentir qu'ils ont ton derrière.

Tout le monde pousse dans le même sens.

– Jean-Gabriel Pageau, qui se fait pousser dans le derrière. [248]
3 juin 2017

Je me mets dans les fesses de tout le monde qui sont dans leur voiture en ce moment, pour nous écouter

— Mike Bossy, empathique. [249]
26 février 2017

LES 9 COMMENTAIRES LES PLUS MONONCLES DE L'HISTOIRE DU SPORT (GENRE)

Si les experts sportifs produisent en ondes une manne incroyable de commentaires à double sens prononcés innocemment, ils peuvent également dévoiler sans trop de difficulté leur côté décidément mononcle. Le hockey reste un milieu principalement masculin où le machisme continue malheureusement de se manifester.

9E

Un point contre Columbus, c'est comme donner un bec à sa sœur.

T'as pas de feeling.

— Alain Chantelois, qui aurait déjà embrassé sa sœur. [250]

10 novembre 2008

8E

Y'en a combien qui aimeraient se faire appeler minou par Chantal ?

— Alain Chantelois, qui spécule. [251]

27 février 2009

7E

*Je pense que c'est dans les gènes
des hommes de s'obstiner.*

*On appelle ça une discussion
de taverne.*

— **Jean Pagé, sociologue.** [252]
13 août 2009

6E

*Je t'ai parlé de ce jeune homme
de 17 ans.*

*Enfin, jeune homme, jeune fille cette
semaine, on était pas trop sûr là tsé.*

*C'est une fille qui est devenue un
homme. Transgendre.*

— **Michel Langevin, qui a peut-être un gendre trans.** [253]
16 mars 2017

5E

*Les plumes noires sur les épaules.
Y'est pas obligé de mettre des épaulettes.*

*Là un moment donné t'avais un
p'tit bout d'toton qui sortait dans
des choses en diagonale avec de
la mousseline transparente.*

*Vraiment. Ch'tu au Bolchoï ou
ben aux Olympiques ?*

— **Réjean Tremblay, décrivant un patineur artistique.** [254]
19 février 2010

4E

Les vierges offensées ?

*Bien qu'elles soient vierges offensées,
pas de problème, c'pas un sport de
tapettes, c'pas un sport de mouchoirs.*

— **Stéphane Langdeau, qui n'a pas peur
de la controverse.** [255]
26 mars 2010

*Avoir deux gardiens numéro 1,
c'est comme avoir une femme et
une maîtresse.*

*Si tu traites pas bien une des deux, ça
se peut que l'autre parte.*

— **Norman Flynn, qui a de drôles de références.** [256]
4 mai 2006

Tu comprends pas.

As-tu mis tes oreilles de femme ?

— **Michel Villeneuve, qui insinue que les femmes
ne comprennent pas.** [257]
6 octobre 2008

1ER

Ça rend les joueurs heureux d'être ensemble, d'être en famille.

C'est comme dans un couple quand tu donnes ta carte de crédit à ta blonde : est toujours heureuse.

— Gaston Therrien, humoriste des années 1970. [258]
19 avril 2017

UN ESPRIT SAIN
DANS UN CORPS GRAS

Les joueurs de hockey doivent avoir un esprit sain dans un corps sain. Ce n'est toutefois pas obligatoire pour les experts sportifs qui arborent parfois la bedaine. Il s'agit en fait d'un avantage quand vient le temps de discuter de leurs mets préférés pour rendre appétissant un débat sur le choix d'un bon entraîneur des gardiens de but ou une discussion animée sur le rappel possible d'un défenseur gaucher de 28 ans.

Halak, c'est pas un pied de beigne !

— Gabriel Grégoire, qui n'aime pas le céleri. [259]
28 février 2008

Par exemple, le pâté chinois : y'en a qui mangent ça avec une cuillère, d'autres avec une fourchette. À chacun ses préférences.

— Martin Lemay, philosophe. [260]
22 mars 2008

Voyons donc, tout le monde le sait que je mange comme un pied de céleri.

> — **Martin Lemay, qui ne mange pas de céleri.** [261]
> 12 novembre 2013

La cerise qui a fait déborder le vase, c'est certainement que lui, il sait pas qu'on change d'heure.

> — **Ron Fournier, qui fait déborder le gâteau.** [262]
> 12 mars 2015

Aebischer a choké comme un alpiniste suisse qui a du muesli de travers dans le gorgoton!

> — **Ron Fournier, en haute altitude.** [263]
> 29 mars 2006

*C'est deux défenseurs qui sont extrêmement
autoritaires pour chacune de leurs équipes.*

On est capable de les
envoyer dans toutes
les sauces.

— Mathieu Dandenault, dans la sauce. [264]
21 octobre 2015

*J'ai été très chanceux, parce que le directeur général
Pierre Gauthier a été végétalien de naissance.*

— Georges Laraque, végétalien d'adoption. [265]
16 mars 2011

*C'est drôle, à chaque fois que les Red Wings
repêchent quelqu'un, c'est quelqu'un qui fitte
dans la moulée de Datsyuk.*

— Georges Laraque, qui est trop habitué à manger de la moulée. [266]
14 octobre 2015

*C't'un gars qui dans un match que tu perds 3-1
en fin de deuxième période, ça va être le gars pour
mêler la soupe un peu et brasser les cartes.*

— Bob Hartley, qui fait de la soupe aux cartes. [267]
18 octobre 2016

Les partisans du Canadien, ils veulent le beurre et le pain du beurre.

Michel Villeneuve, beurrier. [268]
10 janvier 2008

IL MARCHE SUR LES EAUX, CHANGE L'EAU EN VIN ET LE PAIN EN POISSON.

Jean-Charles Lajoie, qui veut faire des sandwiches au thon. [269]
20 février 2009

LES PATATES FRITES
DE RON FOURNIER

Ron Fournier n'est pas seulement le roi des lignes ouvertes, il est aussi le roi de la patate. Pour lui, la patate frite s'apprête à toutes les sauces et il semble être le seul à comprendre de quoi il en retourne.

Qu'est-ce qu'il a fait Samsonov ?
Il nous a fait caca dans la patate frite !

— **Ron Fournier, qui n'aime pas la sauce brune.** [270]
22 mars 2007

Il était à un poil de la patate frite.

— **Ron Fournier, qui aime les poils de patates.** [271]
5 avril 2007

Hossa, on est passé à deux patates frites de l'avoir.

— **Ron Fournier, à deux doigts d'être clair.** [272]
27 février 2008

Tsé, c'est ça : chacun sa patate frite.

— **Ron Fournier, réaliste.** [273]
17 février 2009

Benoît Brunet a souvent été blessé pendant sa carrière dans la « Ligne » nationale de hockey. Excellent joueur, il n'a pas toujours pu montrer son grand talent sur la glace. Engagé comme analyste à RDS après avoir accroché ses patins, il a bien formulé quelques phrases boiteuses, mais s'est établi au fil du temps comme un commentateur efficace.

Osons une entrevue imaginaire avec Benoît !

— **Benoît, qu'est-ce que tu penses du hockey actuel ?**

Les gars sont tellement plus vites et plus intelligents qu'avant.

— **C'est pas très gentil pour tes ex-coéquipiers et pour toi-même. Tu trouves qu'ils manquaient de jugeote ?**

Steve Yzerman est comme une couleuvre sur la glace.

— **Une couleuvre ? Tu veux dire qu'il était sournois, ou bien c'est moins compliqué que ça ?**

Pour moi c'est pas compliqué. C'est pas compliqué : garder ses coudes par terre là.

— **Ah ? Donc une couleuvre au sens physique du terme. Il patinait à ras la glace. Mais c'est risqué de se blesser quand tu joues comme ça, tu en sais quelque chose. As-tu des conseils pour un jeune blessé de nos jours ?**

Écoute, moi j'ai un conseil à lui donner, de prendre son temps, de s'assurer que quand il va revenir dans l'alignement, quand il va rechausser les patins, qu'il soit à 100 %, et même plus.

— Ah oui ? C'est nouveau ça ? Les joueurs doivent être rétablis à 110 % pour revenir au jeu ?

Le mot se parle au travers de la Ligue.

— Donc un joueur qui est à 100 % peut continuer de manger des hot-dogs dans les gradins...

Il a le temps de prendre le temps.

— Et tu penses que la Ligue en fait assez pour éviter les blessures ?

On fait quand même du bon travail, mais on prêche dans l'indiscipline.

— Ouais, mais quel règlement tu ajouterais pour éviter les coups de bâton mettons ?

Tu peux pas enlever tes deux mains de sur ton bâton dans un repli défensif.

— En même temps, ça sert à rien d'imposer ce règlement-là. Personne peut jouer avec pas de main sur le bâton. Les joueurs ont besoin d'autres solutions pour se discipliner.

Je pense que leur entraîneur est un magistrat.

— Ah ben oui. Fallait y penser. Remplacer les coachs par des juges. Ça réglerait bien des problèmes. Merci Benoît !

Vous aimeriez devenir soigneur pour le Canadien de Montréal ? Répondez correctement à ces quelques questions et peut-être qu'un jour, vous aussi pourrez soigner des commotions cérébrales.

1. De quel gardien de but Ron Fournier a déjà dit qu'il « a choké comme un alpiniste suisse qui a du muesli de travers dans le gorgoton » ?
   a) David Aebischer, le Suisse qu'on pensait qu'il pourrait être bon.
   b) Cristobal Huet, le Français qui a arnaqué les Blackhawks après son passage à Montréal.
   c) Pete Budaj, le Slovaque reconnu principalement parce qu'il avait un dessin des Simpsons sur son masque.

2. Qu'est-ce que Michel Villeneuve a vraiment dit ?
   a) Les partisans du Canadien, ils veulent le beurre et le pain du beurre.
   b) Les partisans du Canadien, ils veulent du pain sur leur beurre.
   c) Les partisans du Canadien, ils veulent le beurre, le beurrier et la beurrière.

3. Qu'est-ce que Bob Gainey aimait alors qu'il était entraîneur du Canadien, selon Mathias Brunet ?
   a) Les bras meurtris de son capitaine dans la douche.
   b) Les couilles de son capitaine sous pression.
   c) Les oreilles de son capitaine quand elles écoutent.

4. Qu'est-ce que Yvan Cournoyer a vraiment dit ?
   a) Ma femme, aimant beaucoup le magasinage, elle avait deux entorches aux chevilles.
   b) Ma femme, aimant beaucoup le jardinage, elle avait deux tendinettes au coude.
   c) Ma femme, aimant beaucoup le bronzage, elle avait deux boursoufflettes au visage.

5. **Selon Michel Therrien, en 2007, comment les Thrashers d'Atlanta pouvaient voir l'avenir ?**
   a) Ils pouvaient voir l'avenir du bon pied.
   b) Ils pouvaient voir l'avenir avec des bas de laine parce qu'il fait frette à Winnipeg.
   c) Ils pouvaient voir l'avenir avec les yeux du cœur, comme Gerry Boulet.

6. **Qui a dit : « J'ai été très chanceux, parce que le directeur général Pierre Gauthier a été végétalien de naissance » ?**
   a) Un hot-dog du Centre Bell.
   b) George Laraque.
   c) Annie Brocoli.

7. **Qu'est-ce que Michel Bergeron a vraiment dit ?**
   a) Quand tu vas jouer dans un sauna une fois par année, tu sors-tu avec des bébites de pubis ?
   b) Quand tu vas jouer dans sa tête une fois par année, tu sors-tu avec des poux de cerveau ?
   c) Quand tu vas jouer dans le sable une fois par année, tu sors-tu avec des puces de matelas ?

8. **Qu'est-ce que Stéphane Langdeau a vraiment dit ?**
   a) Gary Bettman doit se frotter les mains de jouissance.
   b) Gary Bettman doit jouir en se frottant les mains.
   c) Pour que Québec jouisse, il faudrait frotter les mains de Gary Bettman.

9. **Qu'est-ce que Bob Hartley a vraiment dit ?**
   a) C't'un gars qui dans un match que tu gagnes 4-2 en début de troisième période, ça va être le gars pour réchauffer la soupe et mélanger les cartes.
   b) C't'un gars qui dans un match que tu perds 3-1 en fin de deuxième période, ça va être le gars pour mêler la soupe un peu et brasser les cartes.
   c) C't'un gars qui dans un match de 0-0 au milieu de la deuxième entracte peut te faire une belle soupe en jouant aux cartes.

10. **De quelle maladie parlait Marie-Claude Savard lorsqu'elle a déclaré que « Phil Kessel des Bruins de Boston souffre d'un cancer qui frappe surtout les hommes » ?**
    a) Le cancer des testicules.
    b) La maladie du baiser.
    c) L'impuissance du slap shot.

JOUEUR

DANS MON
LIVRE
À MOI

GABRIEL
GRÉGOIRE

99

GABRIEL GRÉGOIRE

GABRIEL GRÉGOIRE

Taille : 7²/₃ de ballon de football **|** Poids : 7²/₃ Daniel Brière
Droitier **|** Né : 22-12-53 **|** Sainte-Martine, Qc

ANNÉES D'EXP. LCF	COUPE GREY	PARTICIPATIONS COUPE GREY	MOTS INVENTÉS	CITATIONS *SPORTNOGRAPHE*	CITATIONS *DANS MON LIVRE À MOI*
5	1	3	466	107	17

50

40

Même s'il n'a joué que cinq saisons avec les Alouettes de Montréal à titre de défenseur, Gabriel Grégoire a pu profiter de la période glorieuse de cette équipe avec trois participations en finale de la coupe Grey et un championnat remporté par la marque de 41-6 contre les Eskimos d'Edmonton en 1977. Après la fin de sa carrière, il participe à l'analyse de plusieurs retransmissions des matchs des Alouettes, troquant le casque de football pour le casque d'écoute.

30

C'est au milieu des années 2000 qu'il commence sa nouvelle profession d'animateur radio. Il se démarque rapidement avec ses envolées flamboyantes et engagées. Sa personnalité impulsive ainsi que son débit rapide ont fait de Gabriel Grégoire l'un de nos plus prolifiques fournisseur de citations inusitées et amusantes. Son engagementGabriel Grégoire s'implique également pour dénoncer les risques associés aux commotions cérébrales et pour contrer la violence dans le sport.

20

✖ FAIT SAILLANT ✖

Il remporte la coupe Grey, en 1977,
avec les Alouettes de Montréal

10

Repêché : se joint aux Alouettes de Montréal en 1976

LA NOUVELLE
ORTHOGRAPHE

On a parfois l'impression que le monde du sport évolue dans une dimension parallèle. Les lois y sont différentes. Les règles du français aussi.

Lorsqu'il est question de tout ce qui se passe sur une patinoire, la syntaxe mange souvent une claque. Un six pouces dans les côtes d'une phrase peut en modifier la structure à tel point que les propos deviennent incompréhensibles.

On retrouve aussi régulièrement au milieu de ces phrases des mots qui n'existaient auparavant même pas. Le hockey a en effet créé de nombreux néologismes. Comme l'a déjà dit Guillaume Latendresse : « Quand tu connais pas un mot, tu en dis deux en même temps pis ça sonne ben. »

Certains de ces mots, comme « scarmouche », « séries minatoires » ou « akhlète » reviennent de temps à autre, mais d'autres sont éphémères. Il faut les saisir au moment où ils passent. Carpe diem, comme disait Aurèle Joliat.

En plus, les experts québécois du hockey sur glace doivent naviguer dans un univers anglophone. Ils ont souvent fait carrière dans la « Ligne » nationale et ont parlé anglais toute leur vie. Il en va de même des entraîneurs qui discutent avec leurs joueurs et kickent des poubelles dans le vestiaire dans la langue de Don Cherry. Les anglicismes pullulent et les mauvaises traductions sont nombreuses dans nos médias sportifs.

Il reste que depuis toujours, la poésie accidentelle de nos experts triomphe et fait fleurir une langue nouvelle.

13 MOTS QUI DEVRAIENT SE RETROUVER DANS LE DICTIONNAIRE

Chaque année, le Petit Robert (à ne pas confondre avec Robert Gainey) ajoute de nouveaux mots à son dictionnaire. Voici quelques suggestions de mots qui pourraient y faire leur entrée prochainement.

A

Agriculturel, adj. : *représente la culture en agriculture.* Comme dans la phrase : « *Je travaille pour une compagnie agriculturelle.* »

— Gilbert Dionne [274]
17 avril 2008

C

Charnier, adj. : *se dit d'un moment charnière et morbide à la fois.* Comme dans la phrase : « *Ça a été charnier ça aussi.* »

— Jean Perron [275]
7 octobre 2008

D

Déceptif, adj. : *se dit d'une chose dont la déception est anticipée.* Comme dans la phrase : « *Y'a une bonne vision du jeu, mais je pense que son patin est déceptif.* »

— Jacques Martin [276]
19 septembre 2009

Détrimental, adj. : *contraction politiquement correcte de* « *débile mental* » *faite au détriment de quelque chose.* Comme dans la phrase : « *Tu l'as vu le geste. Y'a pas fait de geste détrimental.* »

— Jean Perron [277]
13 janvier 2010

Distracteur, adj. : *se dit d'un élément à la fois perturbateur et distrayant.* Comme dans la phrase : « *J'ai l'impression que c'est un élément qui pourrait devenir distracteur.* »

— Michel Langevin [278]
28 août 2009

Dramatical, adj. : *se dit d'une grammaire dramatique.* Comme dans la phrase : « *Il ne faut pas s'attendre à un changement dramatical.* »

— Yvon Pedneault [279]
23 février 2007

Électrifiant, adj. : *se dit d'un joueur électrisant mais qui peut aussi alimenter en électricité la Zamboni.* Comme dans la phrase : « *Tsé on parlait du Canadien, y'ont pas été chercher le gros morceau. Y'ont pas été chercher un joueur électrifiant.* »

— Daniel Brière [280]
15 mars 2017

Flattant, adj. : *se dit d'une situation flatteuse en cours de réalisation.* Comme dans la phrase : « *C'est flattant de pouvoir revenir aussi rapidement.* »

— Claude Julien [281]
23 juin 2007

Foudroyable, adj. : *un mélange de foudroyant et d'incroyable qui évoque quelque chose d'exceptionnel.* Comme dans la phrase : « *J'enverrais probablement Ovechkin, juste à cause de son lancer. Y'a vraiment un lancer foudroyable.* »

— Jean-Sébastien Giguère [282]
11 avril 2010

Professionnaliste, adj. : *se dit d'un professionnel du professionnalisme.* Comme dans la phrase : « *C'est ton travail, tu dois être professionnaliste.* »

— Stéphan Lebeau [283]
31 mars 2010

Progique, adj. : *se dit d'un enfant prodige qui se démarque par son esprit logique.* Comme dans la phrase : « *On se sert encore de Sean Avery comme l'enfant progique qui va revenir sauver la Ligue nationale.* »

— Pat Burns [284]
22 mars 2009

Scrutiner, v. : *scruter de très près la situation d'un crétin.* Comme dans la phrase : « *Écoute, c'est sûr que les séries sont tellement scrutinées d'une manière excessive.* »

— Alex Tanguay [285]
23 avril 2017

Verrure, nom : *se dit d'un verrou qui a l'allure d'une verrue plantaire.* Comme dans la phrase : « *Les gars qui atteignent le marché autonome, habituellement y'ont des verrures.* »

— Marc Bergevin [286]
13 avril 2016

16 PHRASES DONT ON AIMERAIT VOIR LA REPRISE POUR MIEUX COMPRENDRE

Dans le feu de l'action d'une partie de hockey ou d'un débat de fin de soirée, il peut arriver qu'un commentaire se torde à tel point que l'on se questionne sur sa signification. Généralement, on passe vite à un autre sujet et on oublie ce petit écart syntaxique. Certaines phrases demeureront toujours des énigmes, même plusieurs années après les faits.

Le système devient de plus en plus moins compliqué pour les joueurs.

— Jacques Demers, de moins en moins plus clair. [287]
26 octobre 2009

Plus tu vois la reprise, moins ça s'améliore.

— Jacques Demers, toutes choses étant égales par ailleurs. [288]
2 février 2010

Personne est incapable de ne pas en parler.

Michel Bergeron, triple négationniste. [289]

6 avril 2010

Je voulais contredire les pourparlers sur mon dos de l'année passée.

— Anthony Mantha, contradictoire. [290]
3 avril 2014

Faut que tu sois clair et précis, et le moins que t'en dis, le mieux que c'est.

Mais manque pas rien que tu devrais dire dans le moins que t'en dis, tu comprends ?

— Jacques Demers, oubliant d'être clair et précis. [291]
30 avril 2010

La question qu'il faut se poser ce soir : est-ce que Scrivens peut-il se déguiser en Hammond comme il l'a fait l'année passée avec les Sens d'Ottawa ?

Poser la question, peut-être c'est y répondre, on sait pas, peut-être que oui peut-être que non.

— Mario Tremblay, qui pose peut-être la question. [292]
17 février 2016

Définitivement Luc, je pense que c'est peut-être un aspect la plus importante.

La moitié de mes séances d'entraînement sont désignées à travailler sur les fondamentals.

— Jacques Martin, éloquent. [293]
5 octobre 2008

Non, c'pas un élément de panique. C't'un élément de travailler pis de détermination pis de désespération.

Pour gagner des matchs, tu dois jouer désespéré.

— Jacques Martin, en désespoir de cause. [294]
4 décembre 2009

J'ai eu du temps de glace aujourd'hui, ça fait que c'est quelque chose que je suis fier d'avoir resté avec le procès comme on dit.

— Martin St-Louis, fier d'avoir resté avec le procès. [295]

24 février 2014

La contre-performance et humiliation de Andreï Kostitsyn ce soir, ne méritait pas de jouer si on dit le trio numéro un.

— Jacques Demers, performant. [296]

20 mars 2009

On a beaucoup plus de concentration, beaucoup plus de focus sur le processus au lieu des résultats.

Si tu prends soin du processus, les résultats vont prendre soin d'eux autres même.

— **Jacques Martin, qui prend soin de son langage.** [297]
18 mars 2010

C'est poche en crisse, on est frustrés comme coach, we have to park it now.

C't'assez là.
I'm pissed off like you.

We're gonna go in there, we gonna come back, mais là vous allez commencer à going back to where we have success, c'est tu clair?

— **Joël Bouchard, alternatif.** [298]
20 mars 2017

C'est un entraîneur que j'ai eu la chance d'être coaché par, l'an passé.

Maxime Talbot, coaché par. [299]
17 avril 2017

Écoute, l'économie, c'est dur. Moi je suis pas un politicien là, mais m'a te dire y'a une gang qu'on devrait reculer dehors pis replacer les affaires.

Faut que le monde, les choses là, faut qu'on trouve des jobs au monde pis y faut qu'on les nourisse.

Si tu t'occupes de ça, y viendront pas briser tes châssis chez vous dans maison, comprenez-vous ça ?

— **Marcel Dionne, politologue.** [300]
2 août 2015

Le but dans tout ça, c'est qu'on croit en nous-mêmes.

C'est pas une victoire qui devrait changer le focus ou l'espoir de l'équipe, c'est la croyance.

J'pense qu'y'a une bonne croyance dans le vestiaire.

— **Claude Julien, croyant.** [301]
30 avril 2017

Est-ce qu'elles veulent payer vraiment le prix que vaut Dany Heatley, la question, euh, est non.

— **Alain Sanscartier, dont la réponse est la question.** [302]
27 juin 2009

LE BILINGUISME
DE MARC BERGEVIN

Le directeur général du Canadien, Marc Bergevin, a longtemps fait carrière dans la LNH et a eu donc très peu de chance de pratiquer son français, ce qui a laissé quelques séquelles dans la façon dont il construit ses phrases. C'est aussi pourquoi depuis son arrivée à la tête du Canadien, on note une certaine tendance à utiliser des mots ou des phrases anglais dans son discours. Une situation qui pourrait certainement inspirer nos artistes qui rappent en franglais.

Quand t'as un jeune défenseur là, ta lèche est courte.

C'est normal. Un P.K., un Markov, la lèche est plus grande, c'est normal. T'as un plus grand, un biggest sample to voir c'qui font.

— **Marc Bergevin, qui a beaucoup de lousse.** [303]
28 juin 2016

Y'EST ÉPAIS. C'T'UN GROS JOUEUR DE HOCKEY, ALORS L'ÉPAISSEUR DU JOUEUR EST VRAIMENT INTÉRESSANTE.

Marc Bergevin, à propos d'un joueur costaud. [304]
19 juillet 2016

On va t'être clair qu'on s'attend plus de lui.

Puis, je suis certain, convaincu, après ma conversation avec, qu'il s'attend de lui-même de mieux.

— **Marc Bergevin, qui pense qu'il est clair.** [305]
2 août 2015

C'est certain qu'Andreï, c'est pas un jeune poulet.

— **Marc Bergevin, qui parle de ses poussins.** [306]
28 juin 2016

Souvent, tu sais pas.
Tu connais pas ce que tu connais pas, hein ?

— **Marc Bergevin, qui dit vrai.** [307]
13 avril 2016

J'ai été clair, je vais être encore clair : it's not about moi.

— **Marc Bergevin, about quelqu'un d'autre.** [308]
24 février 2017

Le marché était vraiment... y'avait pas grand-chose.

Alors on est allés avec la grossesse, sans se ralentir et dans l'ensemble, on est assez satisfaits de notre journée.

— **Marc Bergevin, enceinte.** [309]
13 mars 2017

14 VERBES QUI ONT TROP DE VERVE

L'art de la conjugaison est long à maîtriser. Il arrive même aux plus expérimentés de ne pas savoir comment accorder un participe passé ou un verbe pronominal. Les experts sportifs ne font pas exception.

Il reste que ceux-ci ont souvent le tour de nous surprendre en utilisant des verbes d'une façon qui ferait se retourner dans sa tombe René Lecavalier.

Les nouveaux propriétaires arrivent en place avec leur plan de gestion, leurs idées, avec différentes façons de gestionner une entreprise.

— **Yvon Pedneault, gestionneur.** [310]
1er septembre 2009

Guillaume Latendresse, c'est le moment, c'est l'année de l'éclosion. Faut que ça éclore !

— **Yvon Pedneault, éclorant.** [311]
31 août 2009

*C'est sûr que ça rentre en ligne de compte, mais
ça enlève pas l'éthique de travail et l'énergie qu'on
déploite à chaque match.*

— **Michel Therrien, qui nous laisse pantoite.** [312]
14 février 2017

J'abandonne dans le même sens que Jean-Charles.

— **Jacques Demers, qui abonde pour abandonner.** [313]
12 janvier 2010

Je pense que j'aborde dans la même direction.

— **Mike Bossy, qui aborde la vie du bon pied.** [314]
6 octobre 2016

Tu t'appuyais sur ton sort.

— Mario Tremblay, qui ne s'apitoie pas. [315]
4 mai 2012

Ça donne rien de s'appuyer sur son sort.

— Patrice Brisebois, qui s'appuie sur pas grand-chose. [316]
3 avril 2014

Je pense que les Sénateurs d'Ottawa,
c'est eux autres qui ont brimé un peu les cartes.

— Michel Langevin, qui doit être bon au poker. [317]
10 septembre 2013

Y'est doué à une très belle avenir.

Michel Therrien, voué à se tromper. [318]
26 septembre 2014

C'est pour ça que moi j'voulais que Laraque soit là
pour paver à toute éventualité.

— Gabriel Grégoire, pavé de bonnes intentions. [319]

16 avril 2009

Faut redouter
d'ardeur.

— Michel Therrien, qui redoute l'effort. [320]

22 décembre 2015

Même s'ils ont pas connu une grande saison l'année
dernière, Bob Hartley a vraiment pu inculper ce style
de travail là à ses joueurs.

— Patrice Brisebois, qui pourrait être inculpé par un prof de français. [321]

18 décembre 2014

Faut dire que là, il commence à y avoir des affinités sur les trios. J'pense que Claude Julien, la rotation là, il va la roter de l'autre bord.

— Gaston Therrien, qui éructe un mot. [322]
3 avril 2017

P.K., y'est content de l'entente qu'il a entendue.

— Marc Bergevin, bien entendu. [323]
29 janvier 2013

12 FOIS OÙ ON N'A PAS CHOISI TOUT À FAIT LE BON MOT

Parce que les experts n'ont pas toujours un dictionnaire sous la main, il peut leur arriver à l'occasion de substituer par mégarde un mot à un autre. Souvent, ça ne change pas tout à fait le sens de leur propos. Mais d'autres fois, oui. Un peu.

Moi je pense que Marc Bergevin à tous les jours parle à ses homonymes.

— **Michel Bergeron, qui parle à ses homologues.** [324]
18 décembre 2015

Je pense, comme on le mentionnait hier, qu'on devrait assister à un week-end fébrile en émotions.

— **Yvon Pedneault, fertile en fébrilité.** [325]
25 février 2011

Tsé Plekanec, y'a été élevé dans le jargon du Canadien.

— Guillaume Latendresse, élevé dans le giron du Canadien. [326]
17 septembre 2015

*C'est tout un homme, pis je me souviens très bien,
j'ai eu quelques petites représailles avec lui vers
la fin de ma carrière.*

— Mario Tremblay, qui a eu des accrochages. [327]
30 juin 2016

*Il semble que c'est le mot de passe
de plusieurs équipes.*

— Norman Flynn, qui donne le mot d'ordre. [328]
23 décembre 2005

La chose première c'est de t'assurer que t'es un joueur d'équipe et puis que tu changes pas l'attitude dans le vestiaire pour des raisons de toi-même. Je sais le terme anglais c'est selfish là.

— **Claude Julien, pas de lui-même.** [329]
24 avril 2017

Il avait la tête sur un pivot.

— **Norman Flynn, sur un billot.** [330]
22 avril 2008

J'ai eu le gros gorgoton moi à matin quand que j'ai lu.

— **Gabriel Grégoire, qui a le motton.** [331]
26 février 2010

Je me sens moron.

Moron comme dans morosité.

Gabriel Grégoire, morose. [332]
27 août 2010

Y'a des entraîneurs qui parlent francophone qui sont excellents et qui pourraient venir aider le Canadien.

— **Benoît Brunet, qui parle francophone.** [333]
20 janvier 2016

Merci beaucoup et
bonne journée à tous vos écouteurs.

— **Jacques Demers, qui aime les auditeurs.** [334]
16 mai 2014

On ne peut pas se permettre d'envoyer une rondelle dans le centre de la patinoire.

On dit toujours, c'est la loi 101 : y'a pas d'option, t'envoies la rondelle le long de la bande.

— **Patrick Lalime, pour la protection du français et de la rondelle.** [335]
7 décembre 2015

C'est une occasion en rêve pour les Alouettes.

— Pierre Vercheval, rêveur. [336]
20 juillet 2008

Il risque de subir les fougues de la foule ici à Montréal.

— Jérémie Rainville, qui a peur de la foudre. [337]
23 mars 2009

9 FOIS OÙ JEAN-CHARLES LAJOIE A CHOISI LE MAUVAIS MOT

Jean-Charles Lajoie détonne dans le paysage médiatique sportif. Arrivé à la radio à la suite d'un concours, il s'est imposé comme le plus coloré et divertissant des animateurs. Sorte de mélange entre Don Cherry et Émile Nelligan, il se fait un devoir de parler dans un langage imagé de qualité. Il s'avère toutefois qu'à l'occasion, son désir d'utiliser de jolis mots fait qu'il les insère à des endroits saugrenus. Les beaux mots ne sont pas toujours les bons mots.

Ce que je dis, c'est qu'on se complaint dans une espèce de médiocrité.

— Jean-Charles Lajoie, qui se plaint avec complaisance. [338]
21 août 2009

Pourquoi il met pas le capitaine dans toutes les conditions pertinentes et gagnantes pour lui permettre de procréer pis de performer davantage ?

— Jean-Charles Lajoie, qui aimerait que le capitaine fasse des enfants. [339]
28 mars 2017

Asteure, enweille dans le gym pis arrive-nous en
forme au camp d'entraînement parce que tu vas
avoir toutes les options de procréer avec cette
organisation-là.

— **Jean-Charles Lajoie, qui a recours à la procréation assistée.** [340]

2 août 2015

Ça doit trépasser
par Hockey Québec,
j'ai l'impression.

— **Jean-Charles Lajoie, qui trépasse le puck.** [341]

28 octobre 2009

En plus, Bégin, on s'est éberlué ici à le faire jouer
à gauche.

— **Jean-Charles Lajoie, qui est éberlué en s'évertuant.** [342]

27 février 2009

Les drapeaux viennent d'érecter d'eux-mêmes.

Jean-Charles Lajoie, à propos des fanions sur les voitures. [343]
16 avril 2010

*Une famille super pieuse. Il a été élevé dans le
judéo-chrétinisme à l'extrême.*

— Jean-Charles Lajoie, qui fait peut-être un éditorial sur la religion. [344]
1er juillet 2016

Ça prend
un coup
de semence.

— Jean-Charles Lajoie, agriculteur. [345]
27 janvier 2009

*C'est le genre de coup de semence à l'intérieur
de l'organisation.*

— Jean-Charles Lajoie, qui n'a pas réagi
au premier coup de semence. [346]
29 janvier 2009

OLIVIER REÇOIT...
PAT BURNS

Pat fut un coach marquant dans la Ligue nationale de hockey. Né le 4 avril 1952 dans le quartier Saint-Henri de Montréal d'un père irlando-canadien et d'une mère franco-canadienne, il joue son hockey mineur en Ontario.

Homme engagé, cet original a toujours su expliquer les tenants et aboutissants du hockey avec verve et une joie de vivre communicative. On s'ennuie énormément de ses commentaires à la radio.

Osons une entrevue imaginaire avec quelques-unes de ses citations les plus savoureuses.

— Pat, c'est quoi le hockey pour toi ?

Le hockey c'est un jeu qui demande le cervea qui fonctionne toujours. Pis toujours attendre, euh, l'inattendu.

— Mon cerveau vient d'imploser. Je ne pourrai plus jamais jouer au hockey. À moins que tu aies des conseils pour moi ?

Le plus de temps que tu vas passer dans le territoire adverse, le mieux de la chance que tu vas gagner.

— Fallait y penser. Et mettons que ça fonctionne. Mettons que je gagne le championnat de ma « ligne » de garage. Je fais quoi ?

Quand tu gagnes un championnat, le plus vite que tu en parles le moins l'année après, le mieux que c'est.

— Ah bon. Et qu'est-ce que je pourrais dire à mes coéquipiers pour qu'on se rende loin en séries ?

*Vous savez, vous jouez contre une équipe que c'est
la même que vous jouez contre.*

— **Hé ben. Je suis pas sûr si c'est positif ou négatif.**
  Y'a beaucoup de positif qui est bon.

— **Mais encore ? Comment je fais pour avoir une
  équipe unie, qui patine dans la bonne direction ?**
  *Pour avoir une équipe de même, faut qui ait un certain
  montant de souffrances.*

— **Ah oui ? Mais notre équipe a pas un gros budget.**
  Je suis pas prêt à lancer les serviettes sur les équipes.

— **Moi non plus. Mais je sais pas quoi faire avec ces
  serviettes-là. T'as une idée ?**
  *Je me mets mes jeans ben serrés, je me mets une
  débarbouillette dans mes jeans pis je chante du Tom
  Jones. Faut pas que tu te trompes de serviette pis la
  mettre en arrière.*

— **Je comprends ça. Mais ça prend du courage pour
  se promener avec ça.**
  *Est-ce qu'on a assez de boules ou de couilles ?
  Je sais pas.*

— **Ouais. Bon. Ok. On va changer de sujet je pense.
  Et qu'est-ce que tu penses des jeunes joueurs
  de hockey ?**
  *On leur donne toute, tout de suite, cuit dans bouche,
  toute est trop facile. Maintenant, c'est la queue qui
  branle le chien...*

— **Pourquoi c'est pas une bonne idée selon toi ?**
  Ça peut venir te mordre dans le derrière.

— **On revient toujours à ça. Merci pour tes conseils Pat.**

Voici quelques questions qui vous permettront de savoir si le lexique du sport a encore des secrets pour vous.

1. **Qu'est-ce qu'Anthony Mantha des Red Wings a vraiment dit ?**
   a) Je voulais dire que les pourparlers contre mon dos ont passé l'année.
   b) J'ai parlé de douleurs sur le pourtour de mon dos pour te contredire l'année passée.
   c) Je voulais contredire les pourparlers sur mon dos de l'année passée.

2. **Qu'est-ce que Michel Bergeron a vraiment dit ?**
   a) Moi je pense que Marc Bergevin à tous les jours parle avec des synonymes.
   b) Moi je pense que Marc Bergevin à tous les jours parle avec ses hormones.
   c) Moi je pense que Marc Bergevin à tous les jours parle à ses homonymes.

3. **Comment Claude Julien a-t-il déjà traduit le mot « selfish » ?**
   a) Pour des raisons de toi-même.
   b) Pour des raisons de pour lui.
   c) Pour des raisons de faire un poisson de lui-même.

4. **Qui a dit : « Je travaille pour une compagnie agriculturelle » ?**
   a) Gilbert Dionne, en parlant de sa nouvelle carrière.
   b) Enrico Ciccone, alors qu'il était porte-parole du Musée des beaux-arts.
   c) Mom Boucher, devant le juge.

5. **De quoi est tiré la phrase suivante : « C'est poche en crisse, on est frustrés comme coach, we have to park it now. C't'assez là. I'm pissed off like you. We're gonna go in there, we gonna come back, mais là vous allez commencer à going back to where we have success, c'est tu clair ? »**
   a) De la pièce *Commencer à going back* du groupe Dead Obies.
   b) D'un discours de Joël Bouchard dans le vestiaire de son équipe junior.
   c) D'un document du gouvernement Canadien traduit par Google traduction.

6. Qui a dit : **« Y'a des entraîneurs qui parlent francophone qui sont excellents et qui pourraient venir aider le Canadien »** ?
   a) Mélanie Joly, ministre du Patrimoine du Canadien, en faisant la promotion de la langue francophone dans le sport.
   b) Benoît Brunet, en commentant les rumeurs de congédiement de Michel Therrien, un entraîneur qui parle les deux langues en même temps.
   c) Un monsieur de Laval légèrement en boisson dans une ligne ouverte à la radio.

7. Qui a dit : **« Merci beaucoup et bonne journée à tous vos écouteurs »** ?
   a) La compagnie Apple, lors du lancement de ses écouteurs sans fil.
   b) Jacques Demers, souhaitant le meilleur à ses auditeurs.
   c) Patrice Brisebois, remerciant le public montréalais à la télé de RDS.

8. **Qu'est-ce que Gabriel Grégoire a vraiment dit ?**
   a) Je me sens moron. Moron comme dans morosité.
   b) Je suis un mormon. Un mormon de la modernité.
   c) Je me sens morose. Morose comme une rose.

9. Qui a dit : **« Ça prend un coup de semence »** ?
   a) Guy D'Aoust, en attendant le départ du 3 000 m steeple aux Jeux de Rio.
   b) Jean-Charles Lajoie, qui voulait réveiller le Canadien.
   c) René Angelil, en expliquant la procréation assistée.

10. **Qu'est-ce qu'Andreï Markov n'est pas, selon Marc Bergevin ?**
    a) Une vieille pie.
    b) Un jeune poulet.
    c) Mathieu Dindonneau.

JOUEUR

GEORGES

LARAQUE

GEORGES LARAQUE

GEORGES LARAQUE

 Taille : 4 ¼ jambières de gardien **/** Poids : 684 rondelles
Droitier **/** Né : 07-12-76 **/** Montréal, Qc

ANNÉES D'EXP. LNH	COUPE MÉMORIAL	MINUTES DE PÉNALITÉ	KG DE VIANDE MANGÉS DEPUIS 2009	CITATIONS *SPORTNOGRAPHE*	CITATIONS *DANS MON LIVRE À MOI*
12	1	1126	0	21	12

Georges Laraque est l'un des premiers joueurs issus de la communauté haïtienne à avoir fait carrière dans la LNH. Après un passage remarqué dans la Ligue de hockey junior majeur du Québec où il soulève la coupe Memorial dans l'uniforme des Prédateurs de Granby en compagnie de Francis Bouillon, ce sympathique gaillard charme les recruteurs des Oilers d'Edmonton qui en font leur 2e choix lors du repêchage de 1995.

Mieux connu pour ses poings que pour ses points, c'est au tournant des années 2000 qu'il devient l'un des plus populaires pugilistes de la LNH. Monsieur Laraque (il est conseillé de l'appeler Monsieur) a terminé sa carrière dans le chandail bleu-blanc-rouge en 2010. Il est depuis très actif au sein de la communauté haïtienne en plus d'être engagé dans de multiples causes comme le végétalisme, la défense de l'environnement, le droit des homosexuels et, surtout, le droit de commettre de savoureux lapsus à la radio...

✖ FAIT SAILLANT ✖

Il participé à 2 séries finales de la coupe Stanley avec les Oilers d'Edmonton et les Penguins de Pittsburgh

Repêché : 2ième choix (31ième au total) des Oilers d'Edmonton en 1995

sportnographe.com

LA SCIENCE

La science du sport a beaucoup évolué au cours des dernières années. La médecine et les nouvelles technologies ont contribué à rendre les performances des joueurs encore plus éclatantes.

Il en va de même pour l'analyse sportive. Les commentateurs n'hésitent pas à faire appel à la science ou aux particularités sociodémographiques ou géopolitiques propres à une situation pour faire valoir leur point de vue.

Surtout, les experts ont maintenant accès à toute une gamme de statistiques avancées pour appuyer leurs théories à propos de ce qu'ils voient sur la glace.

Dans le sport, les chiffres ne servent pas nécessairement à atteindre la vérité. Ils servent à argumenter. À nous donner l'impression qu'on s'approche d'une explication. Il y a pourtant bien des choses qui ne sont pas quantifiables dans un match de hockey.

Malgré tout, certains experts essaient de leur accoler une statistique. Un soir de match, RDS a même déjà tenté de pondérerles impondérables, nous expliquant que ceux-ci comptaient pour 25 % des facteurs gagnants dont il fallait tenir compte à l'aube de la rencontre.

C'est que même si les statistiques avancées prennent de plus en plus de place, les statistiques « retardées » règnent toujours sur la discipline.

Il n'est pas rare d'entendre ou de lire par exemple que « les Canucks ont 77 % des chances de gagner la Coupe puisque depuis 1939, l'équipe qui a gagné le premier match d'une série a une fiche de 55 victoires 16 défaites ». Le hockey de 1939 n'a pourtant rien à voir avec celui de 2017 et d'innombrables facteurs plus importants entrent en ligne de compte. Mais ce genre d'information est très utile lorsqu'il faut remplir du temps d'antenne.

Les statistiques sur les interprètes des hymnes nationaux s'avèrent encore plus ésotériques. Ron Fournier nous a déjà expliqué le plus sérieusement du monde que lorsque les hymnes sont interprétés par l'Orchestre symphonique avec le maestro Kent Nagano, « la fiche du Canadien est de trois victoires, aucune défaite ». Voilà qui nous est utile. Ou pas.

Il reste que la statistique la plus intéressante à ce sujet, c'est que le Canadien n'a jamais gagné la Coupe après que Ginette Reno a chanté l'hymne canadien. Il faudrait peut-être faire quelque chose avec ça.

24 CALCULS À VÉRIFIER
(SI J'AI BIEN COMPTÉ)

Il faut dire que les experts n'ont pas toujours la formation en mathématique pour bien comprendre les statistiques. Et ça tombe bien, les amateurs de sport non plus. Comme l'a déjà dit Mario Tremblay : « Y'a juste les imbéciles qui se trompent pas. » De sages paroles.

Il a gagné 80 % des mises en jeu qu'il a remporté.

— Yvon Pedneault, avec 20 % de pertes. [347]
13 décembre 2006

À talent égal, tu repêches le meilleur.

— Gabriel Grégoire, qui ne prend pas de chance. [348]
25 juin 2007

Et cette année, boum, revirement de 360 degrés :
les Bruins de Boston ont 116 points.

— Michel Bergeron, qui tourne en rond. [349]
22 juin 2009

Trois matchs, ce n'est pas beaucoup
pour faire tourner le vent.

Mais c'est trois fois mieux que rien.

— Guy Carbonneau, trois fois rien. [350]
23 avril 2013

C'est une organisation qui aujourd'hui fête
ses 35 ans l'année prochaine.

— Guillaume Latendresse, futuriste. [351]
14 juillet 2016

Le hasard arrive rarement par hasard.

Marc Denis, parieur. [352]
27 janvier 2013

Forsberg, la seule chose qu'il regarde en ce moment,
c'est toutes ses options.

— **Dany Dubé, qui regarde beaucoup sa seule option.** [353]
7 février 2008

C't'un peu à travers la Ligue.
On regarde les Sénateurs d'Ottawa,
y'ont perdu cinq victoires en ligne.

— **Jacques Martin, mitigé.** [354]
27 janvier 2010

Câline,
j'ai parti de zéro
à rien.

— **Stéphane Richer, qui revient au point de départ.** [355]
9 septembre 2010

Si j'ai bien compris, on veut globaliser par le bas.

— Alain Sanscartier, qui nivelle par le haut. [356]
26 août 2010

Le sport, la vie en général, c'est 75 % dans la tête et 25 % mental.

— Jean Pascal, pour qui tout est dans la tête. [357]
23 mai 2011

Écoute, moi j'ai un conseil à lui donner : de prendre son temps, de s'assurer que quand il va revenir dans l'alignement, quand il va rechausser les patins, qu'il soit à 100 %, et même plus.

— Benoît Brunet, qui donne son 110%. [358]
18 mars 2011

Et y'a une mesure qui est immesurable, Yvon.

— Michel Villeneuve, inimitable. [359]
24 mars 2011

Carey a joué du bon hockey. Il les a toutes arrêtées plus ou moins.

— Claude Julien, généreux. [360]
3 mai 2017

Mais il ne faisait pas l'unanimité de tout le monde.

— Daniel Brière, inclusif. [361]
28 juillet 2016

Canadien a l'avantage du côté des impondérables.

— **Norman Flynn, pondéré.**[362]
21 avril 2006

Les statistiques sont unanimes.

— **Pierre Houde, qui a écouté les statistiques.** [363]
4 décembre 2006

Pis en début de troisième demie, j'me souviens pas, moi.

— **Réjean Tremblay, une fois et demi.** [364]
9 février 2010

GUILLAUME LATENDRESSE, DE PLUS EN PLUS, A MOINS DE TEMPS DE GLACE.

Jacques Demers, plus ou moins. [365]
15 octobre 2007

Le hockey c'est 90 % mental et 10 % dans tête.

— Joël Bouchard, qui lui aussi a la force du mental. [366]
30 octobre 2008

C'était un surnombre numérique.

— Pierre Vercheval, pas alphabétique. [367]
5 janvier 2008

Y'a hypothéqué sa chemise pour vendre ces produits-là.

— Gabriel Grégoire, qui a une petite hypothèque. [368]
8 juin 2011

Il voulait 4 millions par année, les Hawks pouvaient pas lui donner ça.

Y'étaient pris la gorge au cou.

Georges Laraque, qui avait un chat dans la gorge. [369]
27 octobre 2016

VOYAGER DANS L'ESPACE ET LE TEMPS GRÂCE AU SPORT

On a vu que les experts avaient parfois des problèmes de conjugaison. Cela se reflète aussi dans leur rapport au temps. Il arrive à l'occasion qu'ils perdent la notion du temps et conjuguent le présent au futur ou le futur au passé. Sans oublier que certains experts vivent dans le passé. Mais ça, c'est une autre histoire.

Définitivement, ce soir, ça va être une journée très difficile.

— Michel Therrien, qui ne vit que de soir. [370]
3 janvier 2006

L'avenir est garant du passé.

— Michel Langevin, qui n'est pas nostalgique. [371]
26 avril 2006

L'avenir c'est garant du passé, c'est ça qui faut dire ?

— Michel Bergeron, en avance sur son temps. [372]
13 septembre 2015

Le futur est meilleur aujourd'hui qu'il ne l'a été dans le passé.

— Guy Carbonneau, qui voit plusieurs futurs. [373]
22 novembre 2007

*Moi j'avais pas de preuve avec Halak. Qu'il prouve
ce qu'il a démontré dans le passé.*

— **Jacques Demers, qui n'a rien à prouver.** [374]

8 avril 2010

*Que madame Brunet repose en paix, pour le restant
de ses jours.*

— **Jacques Demers, qui croit aux fantômes.** [375]

26 avril 2008

Arrêtez de dire que je vis dans le passé.

Le passé, c'est maintenant.

C'est la première fois dans ma carrière
que vraiment, j'ai un petit peu le non-savoir
du futur.

— **Maxime Talbot, qui n'a pas lu son horoscope.** [377]
12 juillet 2016

Dans la vie de tous les jours, 15 ans, c'est long.

— **François Gagnon, qui devrait vivre vieux.** [378]
21 février 2013

J'sera pas là pour
cinq dix ans, c'est fini
en quelque part.

La seule chose
qui n'est pas finie,
c'est la fin.

La fin sera jamais
finie. Là je vais la finir.

Mais à quelque part
ce sera jamais fini.

— Stéphane Ouellet, presque fini. [379]
11 novembre 2011

*En fait son derrière est déjà parti pis j'pense
qu'il sait déjà que son derrière est devant lui.*

— **Michel Langevin, à reculons.** [380]
5 janvier 2012

*Tomas Plekanec j'pense qu'il est rien de moins que
le joueur de la semaine cette année.*

— **Denis Gauthier, l'analyste de la semaine.** [381]
14 octobre 2014

De toute façon,
la devise du
Québec, c'est
« Je me souviens ».

Donc faut se
souvenir du match
de demain et
apprendre de
ce match-là.

Michel Therrien, qui se souvient de demain. [382]
18 février 2016

Je te le jure sur la tête de mon père qui est décédé.

— Mario Tremblay, qui n'a pas peur de se mouiller. [383]
3 décembre 2015

Ça normalement, l'année passée et dans les années subséquentes, fort probablement que c'était un but.

— Louis Jean, qui retourne vers le futur. [384]
13 octobre 2015

C'est un pas en avant pour reculer encore plus loin.

Gilbert Delorme, qui recule par en avant. [385]
1er août 2016

J'ai même des photos dans mon bureau qui
me rappellent à tous les jours oùssque je deviens.

— **Michel Therrien, qui voit dans l'avenir du passé.** [386]
26 octobre 2016

Le Canadien l'emporte en revenant de l'arrière
et joue le même tour à l'adversaire que celui d'hier
contre lui !

— **Pierre Houde, difficile à suivre.** [387]
5 janvier 2017

L'heure J approche.

— Michel Langevin, qui ne comprend pas le concept. [388]
5 mars 2009

Il a peut-être eu un petit peu de difficulté en début de tournoi, il faisait très chaud, c'était humide, mais il a bataillé comme un mort de faim.

— Hélène Pelletier, affamée, mais vivante. [389]
21 septembre 2016

LE TOUR DU MONDE
EN 12 CITATIONS

S'ils ne sont pas forts en mathématiques, les experts sportifs sont généralement mieux équipés lorsque vient le temps de parler de géographie. Plusieurs pays sont représentés dans la LNH, ce qui fait que les commentateurs connaissent bien la carte du monde, même s'il leur arrive à l'occasion de perdre le nord.

C'était un Japonais de la Chine.

— Rodger Brulotte, qui doit être amateur de sushis. [390]

25 novembre 2007

Si Stefanovitch veut aller en Bélarussie là,
qui câlisse son camp en Bélarussie.

— **Patrick Roy, diplomate d'un nouveau pays.** [391]
19 mars 2010

Ça change les coordonnées, sans aucun doute.

— **Mario Tremblay, qui change la donne.** [392]
11 octobre 2010

Ouais mais là,
c'parce que Canadien
a des blessés,
les coordonnées
ont changé.

— **Mario Tremblay, qui change d'adresse.** [393]
18 février 2011

JEAN BÉLIVEAU ÉTAIT AIMÉ D'UN ATLANTIQUE À L'AUTRE.

Bertrand Raymond, qui fait le tour du monde. [394]
5 décembre 2014

Avec le plafond salarial, il faut que tu fasses toutes sortes de tours de passeport.

— **Yvon Pedneault, sans papier.** [395]
3 mars 2009

Le superviseur des arbitres pour le tournoi féminin nous arrive de l'Octogone. C'est un Français.

— **Jean-François Paradis, géographe à géométrie variable.** [396]
11 août 2017

Un peu plus tard au courant de la soirée, on devrait voir Milos Raonic, huitième tête de série, affronter Ivo Karlovic, le Croatien.

— **Jérémie Rainville, qui croasse.** [397]
12 août 2015

Je m'excuse, je suis niaiseux des fois en français,
mais « quinquennal » c'est tu où c'qu'on patine
à Ottawa ?

— Pat Burns, qui pense au canal Rideau. [398]
16 avril 2009

Huet a été d'un calme stalinien.

— Michel Villeneuve, qui trouve que Staline était calme. [399]
18 septembre 2007

*Souvent, on va
essayer de déjouer
notre adversaire,
on va essayer de
le sortir de son camp
de concentration en lui
lançant des insultes.*

— Jeremy Filosa, qui se croit dans la *Liste de Schindler*. [400]
15 janvier 2014

*Je ne parle pas suisse, mais je sais que sur le banc,
on ne dit pas de ne pas faire des passes.*

— Denis Potvin, qui ne parle ni suisse ni français. [401]
18 février 2006

LA SCIENCE (FICTION) DU HOCKEY

La science fait partie du sport depuis toujours. Mais depuis quelques années, le sport défie les lois de la nature. Du moins, c'est ce que l'on pourrait penser en entendant les théories de nos experts du commentaire à l'emporte-pièce.

J'ai hâte de voir quel sera le prototype de Bergevin comme directeur-gérant.

— Michel Bergeron, qui cherche un modèle. [402]
2 mai 2012

La rondelle est restée coincée dans les airs.

Pierre Houde, qui défie les lois de la gravité. [403]
20 décembre 2006

Pour le moment, ça donne rien de mettre de l'eau sur le feu.

— Guillaume Latendresse, qui ne veut pas éteindre le feu. [404]
9 novembre 2006

Il a fait un tourbillon sur lui-même.

— Dany Dubé, en 360 degrés. [405]
31 octobre 2007

Dans le cas de Don Lever, là, Jacques faut que tu éclaires mes boussoles.

— Yvon Pedneault, illuminé. [406]
27 juin 2009

J'pense que même Jacques Martin a été dans l'obligation de demander un temps d'arrêt en deuxième période parce que son équipe était plongée vraiment dans l'insomnie.

— Yvon Pedneault, tombant de sommeil. [407]
19 novembre 2009

Spacek est magnétisé. Magnétisé par la rondelle.

— Michel Bergeron, métallique. [408]
11 décembre 2009

Je sais pas si c'est historique ou si ça fait partie
de notre adrénaline, mais lorsqu'on joue contre les
Bruins de Boston, le Canadien vient toujours à bout
de se dépasser.

— **Réjean Houle, qui a le Canadien dans son ADN.** [409]
18 mai 2014

On doit revenir à un hockey beaucoup plus philosophique.

— **Norman Flynn, platonicien du nowhere.** [410]
2 août 2015

Tu peux pas extraire de l'eau d'une roche,
mais si tu fais jouer une roche avec une roche,
tout ce que ça peut faire, c'est des flammèches
quand tu les frottes.

— **Mario Langlois, qui fait des flammèches.** [411]
30 mars 2016

Lorsque tu sautes dans les airs, t'as pus de contact
physique avec le sol.

— **Pierre Vercheval, qui nous apprend quelque chose.** [412]
12 novembre 2006

*J'imagine que lui, génétiquement, il se sent bien
quand il revient jouer à la maison.*

— **Jérémie Rainville, qui a le gène du bien-être.** [413]
10 décembre 2006

*Alex Kovalev a des poignets qui vont aller
directement au temple de la renommée
dans le formol.*

— **Jean Perron, pas dans le formol.** [414]
4 janvier 2007

Il l'a appris face à face. Il l'a appris par via la presse électrique.

— Jacques Demers, électrisant. [415]
7 juin 2009

Dans mes années j'ai jamais vu des boîtes de pilules sur la table. Mais y'a peut-être des gars qui en ont pris par en arrière.

— Jean Perron, supposant quelque chose. [416]
25 mars 2010

INSTRUCTEUR

DANS MON
LIVRE
* À MOI *

MICHEL
«LE TIGRE»

BERGERON

MICHEL «LE TIGRE» BERGERON

MICHEL «LE TIGRE» BERGERON

Taille : 2 bâton de hockey **/** Poids : 3 ½ poches de hockey
Droitier **/** Né : 12-06-46 **/** Montréal, Qc

ANNÉES ENTRAÎNEUR	COUPE DU PRÉSIDENT	BUT DE ALAIN CÔTÉ QUI ONT ÉTÉ REFUSÉ	FANS DU CANADIENS QUI LE DÉTESTAIENT	CITATIONS *SPORTNOGRAPHE*	CITATIONS *DANS MON LIVRE À MOI*
12	1	1	3,845,762	43	17

Ce natif du quartier Saint-Michel à Montréal a grandi en admirant les exploits des joueurs du Canadien et en rêvant d'une carrière dans la LNH. C'est toutefois en tant qu'entraîneur des Nordiques de Québec, ennemis jurés du Canadien, qu'il a fait sa marque. Homme flamboyant et passionné, il a hérité avec fierté du surnom du « Tigre ».

Affichant une féroce combativité, il a participé à la construction de l'une des plus grandes rivalités sportives, tous sports confondus. C'est en 1990, lorsqu'il devient analyste, qu'il conquiert le cœur des fans de Montréal et devient instantanément l'un des préférés des partisans grâce à sa spontanéité, à sa passion et à cette curieuse habitude de toujours parler de Dale Hunter.

✖ FAIT SAILLANT ✖

Seul entraîneur de la LNH à avoir été échangé
pour un 1er choix au repêchage !

Repêché : par les nordiques de Québec en 1980

© 2017

sportnographe.com

OLIVIER REÇOIT...
GUY CARBONNEAU

Guy Carbonneau en a surpris plusieurs en devenant entraîneur du Canadien. Reconnu pour sa fougue et pour avoir joué à plusieurs reprises malgré les blessures, on a découvert en lui un entraîneur plutôt flegmatique qui a mené son équipe au sommet dans l'Est. Depuis, à notre plus grand plaisir, il analyse avec son laconisme habituel les performances de son ancienne équipe à la télé comme à la radio.

Voici une petite discussion imaginaire avec Carbo.

— Salut Carbo. T'as été capitaine du Canadien, coach du Canadien. Selon toi, est-ce qu'il manque encore un gros centre à l'équipe pour espérer gagner la Coupe ?

Pour une équipe qui espère aux grands honneurs, d'avoir un joueur comme ça...

— ...ça a beaucoup d'impact. Je sais. Mais des fois, ces gars-là se présentent pas à tous les matchs.

L'important c'est d'être consistant à chaque match.

— Ok...

Ensuite de ça, c'est vraiment de sortir la rondelle de l'endroit où elle est là.

— Donc un gros bonhomme, qui a de la consistance et qui sort le puck de là où il est. Avec ça, tu peux aller au top.

Grimper au sommet est la chose la plus facile qui est pas.

— Ah oui ? Et un joueur comme ça, tu le motives comment ?

Moi j'pense que c't'un gars qui a besoin d'être aimé. T'as besoin d'y flatter les fesses un peu de temps en temps.

— Sinon, pas le choix de l'échanger.

J'veux pas changer un trente sous pour un trente sous…

— Non, c'est pas ça que je dis. Mais tu peux avoir une couple de joueurs d'avenir pour un gros centre.

Le futur est meilleur aujourd'hui qu'il ne l'a été dans le passé.

— Tu penses ? Et serais-tu capable de me faire une autre phrase comme ça digne de *Retour vers le futur* ?

Je me sens beaucoup mieux aujourd'hui que je l'étais ce matin.

— Excellente nouvelle ! On continue d'écouter tes excellents conseils à la télé !

Vous avez échoué vos mathématiques 436 ? Voici la chance de vous rattraper avec quelques questions sur la science du sport.

1. Qui a dit : « **C'est la première fois dans ma carrière que vraiment, j'ai un petit peu le non-savoir du futur** » ?
   a) Guillaume Latendresse, à la suite d'une commotion cérébrale.
   b) Maxime Talbot, en parlant de son avenir en KHL.
   c) L'ancien ministre de l'Éducation, Yves Bolduc, après avoir démissionné.

2. Qui a dit : « **Il ne faisait pas l'unanimité de tout le monde** » ?
   a) Jean-François Lisée, en parlant de P.K. Péladeau.
   b) P.K. Subban, en parlant de Daniel Brière.
   c) Daniel Brière, en parlant de P.K. Subban.

3. **Qu'est-ce que Rodger Brulotte a vraiment dit ?**
   a) C'était un Japonais de la Chine.
   b) C'était un Espagnol du Brésil.
   c) C'était un Mongol de Québec.

4. Qui a dit : « **Dans la vie de tous les jours, 15 ans, c'est long** » ?
   a) François Gagnon, en parlant du départ de Lindy Ruff de Buffalo.
   b) Sophie Durocher, en parlant de sa relation avec Richard Martineau.
   c) Le gars qui incarne Youppi depuis 15 ans.

5. **Qu'est-ce que Yvon Pedneault a vraiment dit?**
    a) Avec le statut de capitaine, il faut que tu fasses toutes
       sortes de figures de trou.
    b) Avec les clubs-écoles, il faut que tu fasses toutes sortes
       de cours de passe-passe.
    c) Avec le plafond salarial, il faut que tu fasses toutes sortes
       de tours de passeport.

6. Qui a dit : « **Câline, j'ai parti de zéro à rien** » ?
    a) Doug Wickenheiser, en résumant sa carrière.
    b) Éric Duhaime, en résumant sa carrière.
    c) Stéphane Richer, en résumant sa carrière.

7. Qui a dit : « **J'sera pas là pour cinq dix ans, c'est fini en
    quelque part. La seule chose qui n'est pas finie, c'est la fin.
    La fin sera jamais finie. Là je vais la finir. Mais à quelque part
    ce sera jamais fini** » ?
    a) Mario Lemieux, lors de son deuxième retour au jeu.
    b) Mario Pelchat, extrait de la chanson *Je garde la fin pour la fin*.
    c) Stéphane Ouellet, en parlant de sa carrière.

8. Qui a dit : « **Y'a hypothéqué sa chemise pour vendre ces
    produits-là** » ?
    a) Mario Tremblay, en parlant de Marcel Lebœuf et ses colliers
       pur noisetier.
    b) Ron Fournier, en parlant des chansons de Jacques Villeneuve.
    c) Gabriel Grégoire, en parlant d'Adrien Gagnon.

9. **Qu'est-ce que Guy Carbonneau a vraiment dit?**
    a) Le futur est meilleur aujourd'hui qu'il ne l'a été dans le passé.
    b) Le passé est aujourd'hui bien meilleur que l'avenir de demain.
    c) C'est aujourd'hui que le futur commence à être meilleur que le
       passé d'hier.

10. **Que désigne le mot « quinquennal » selon Pat Burns?**
    a) Le fait pour le Canadien de dire tous les cinq ans qu'ils vont
       gagner la coupe d'ici cinq ans.
    b) Une stratégie défensive qui est une variante de la trappe.
    c) Un canal sur lequel on patine à Ottawa.

UN PEU D'INSPIRATION

Bien que le sportif et celui qui analyse ses exploits trébuchent à l'occasion sur les mots ou s'inspirent de dictons qui n'existent pas, il leur arrive aussi de nous offrir des perles de sagesse. Le sportif peut faire preuve, par moment, de propos inspirants et d'une finesse d'esprit qui peut être un vecteur de transformation. D'ailleurs, en voici quelques-uns qui risquent de vous transformer à jamais et qui illustrent bien la richesse de cet univers.

Qui a la même vision du monde à vingt ans qu'à cinquante, a perdu trente ans de sa vie.

— **Mohamed Ali, boxeur.** [417]
A man who views the world the same at fifty as he did at twenty has wasted thirty years of his life.

Le cœur donne la direction, le cerveau la solution et le corps la concrétisation.

— **Luis Fernandez, joueur et entraîneur de soccer.** [418]

Un athlète ne peut pas courir avec de l'argent dans ses poches. Il doit courir avec de l'espoir dans le cœur et des rêves plein la tête.

— **Emil Zatopek, coureur olympique.** [419]
An athlete cannot run with money in his pockets. He must run with hope in his heart and dreams in his head.

L'esprit sportif pour moi, c'est lorsqu'on ne peut pas dire de quelqu'un qui quitte le terrain s'il a gagné ou perdu, parce qu'il marche fièrement dans les deux cas.

— **Jim Courier, joueur de tennis.** [420]
Sportsmanship for me is when a guy walks off the court and you really can't tell whether he won or lost, when he carries himself with pride either way.

La connaissance donne le pouvoir, mais la force de caractère impose le respect.

— **Bruce Lee, karateka et acteur.** [421]
Knowledge will give you power, but character respect.

Le sport va chercher la peur pour la dominer, la fatigue pour en triompher, la difficulté pour la vaincre.

— **Pierre de Coubertin, père de l'olympisme moderne.** [422]

Quand l'homme n'aura plus de place pour la nature, peut-être que la nature n'aura plus de place pour l'homme.

— **Stefan Edberg, joueur de tennis.** [423]

*Les sensations fortes ne sont pas dans la victoire,
mais dans l'action.*

— **Chuck Noll, joueur et entraîneur de football.** [424]
The thrill isn't in the winning, it's in the doing.

*Si tu veux faire quelque chose, ou tu trouves
un moyen ou tu trouves des excuses.*

— **Emmanuel Pinda, karatéka.** [425]

Vous ratez 100 % des tirs que vous ne tentez pas.

— **Wayne Gretzky, hockeyeur.** [426]
You miss 100 % of the shoot you don't take.

*Si vous échouez à vous préparer, vous vous préparez
à échouer.*

— **Mark Spitz, médaillé d'or en natation.** [427]
If you fail to prepare, you're prepared to fail.

Chaque prise me rapproche du prochain coup de circuit.

— **Babe Ruth, joueur de baseball.** [428]
Every strike brings me closer to the next home run.

La question n'est pas de savoir si l'on vous fera tomber, mais si vous vous relèverez.

— **Vince Lombardi, instructeur de football.** [429]
It's not whether you get knocked down, it's whether you get up.

Assurez-vous que votre pire ennemi ne réside pas entre vous deux oreilles

— **Laird Hamilton, surfeur.** [430]
Make sure your worst enemy doesn't live between your two ears.

Un champion est celui qui se relève lorsque c'est impossible de se relever

— **Jack Dempsey, boxeur.** [431]
A champion is someone who gets up when he can't.

Quand on est ce que je suis, c'est difficile
de rester humble.

— **Mohamed Ali, boxeur.** [432]
It's hard to be humble when you're as great as I am.

Je n'ai jamais vraiment perdu un match dans ma
carrière, j'ai juste manqué de temps certaines fois.

— **Bobby Lane, joueur de Football de la NFL.** [433]
I never really lost a game in my career, sometimes I just ran out of time.

Le grand homme prend le blâme, le petit blâme
les autres.

— **Don Shula, instructeur de football.** [434]
The superior man blames himself. The inferior man blames others.

J'ai raté 9000 tirs dans ma carrière. J'ai perdu
presque 300 matchs. 26 fois, on m'a fait confiance
pour prendre le tir de la victoire et j'ai raté.
J'ai échoué encore et encore et encore dans ma vie.
Et c'est pourquoi je réussis.

— **Michael Jordan, joueur de basketball.** [435]
I've missed more than 9000 shots in my career. I've lost almost 300 games.
26 times, I've been trusted to take the game winning shot and missed.
I've failed over and over and over again in my life. And that is why I succeed.

Ce n'est pas fini tant que ce n'est pas fini.

Yogi Berra, joueur et instructeur de baseball. [436]
It ain't over till it's over.

CONCLUSION

Voilà, c'était les meilleures citations du monde du sport. Parmi celles que j'ai entendues. Depuis 2004.

C'est mieux que rien.

J'ai une pensée en terminant ce livre pour toutes celles que j'ai manquées, que je n'ai pas pu vérifier ou qui se sont perdues dans les profondeurs d'Internet. Ces mots perdus que les archéologues du futur retrouveront peut-être un jour.

Heureusement, avec la multiplication des chaînes spécialisées et l'arrivée de Claude Julien derrière le banc du Canadien, l'avenir de la citation sportive est radieux. Nos experts continueront de nous faire vivre les grands et moins grands moments de notre sport national avec passion, originalité et avec des si qui ne mangent pas leurs raies.

De quoi nous divertir jusqu'à la fin du monde.

REMERCIEMENTS DE « L'AUTEUR »

D'abord, un très grand merci à tous les acteurs du monde du sport. Ceux qui ont été cités dans ce livre comme ceux qui ont été coupés au montage. Continuez de m'amuser et de m'alimenter. À vous je dis : Canadien en 4.

Un énorme merci à tous les lecteurs et auditeurs qui ont été à l'affût pendant toutes ces années pour pointer nombre des citations qui se retrouvent dans ce livre. Sans vous, nous n'aurions pu faire qu'un simple dépliant.

Merci à mes amis fidèles Alexandre Provencher et Jean-Philippe Wauthier avec qui j'ai démarré sans trop d'ambition le site du Sportnographe en 2004. Merci à Jean-Philippe Pleau qui a permis au Sportnographe d'atteindre son apogée. Un grand merci à mon ami Louis-Philippe Michaud qui a aussi participé à sa conception de même qu'à tous les autres qui ont participé de près ou de loin à cette surprenante aventure.

Merci à Patrice Duchesne de m'avoir convaincu d'écrire ce livre et de m'avoir épaulé tout au long du projet. Sans lui, peut-être que ces citations auraient été oubliées à tout jamais.

Merci à Radio-Canada et particulièrement à Sylvie Julien qui nous a fait confiance et qui continue à appuyer nos projets rocambolesques.

Merci à Jean Dion, le meilleur chroniqueur sportif de tous les temps, qui a été une inspiration pour moi.

Enfin et surtout, merci à mon amoureuse Sandrine qui m'a rendu meilleur, qui m'a donné confiance en moi et qui m'a fait deux beaux futurs joueurs de troisième trio.

INSTRUCTEUR

JEAN

PERRON

JEAN PERRON

Taille : 5'11, né pour se nourrir / Poste : DP Rocket Robert
Dernier jr lun 09-06-89 à J. To Coturn Oraltown, QC

| | | | | 50 | 20 |

JEAN PERRON

Taille : 7 $^2/_3$ de gant de hockey **/** Poids : 37 Petit Robert
Droitier **/** Né : 05-10-46 **/** St-Isidore d'Aukland, Qc

ANNÉES ENTRAÎNEUR	CHAMPIONNATS	COUPES STANLEY	PATATES FRITES VENDUES	CITATIONS *SPORTNOGRAPHE*	CITATIONS *DANS MON LIVRE À MOI*
24	7	1	4674	50	20

Jean Perron fût l'un des premiers universitaires à devenir entraîneur-chef d'une équipe de hockey. Après 10 ans à la barre de l'équipe de hockey de l'Université de Moncton, il fait le saut dans la Ligue nationale en devenant l'adjoint de Jacques Lemaire, entraîneur-chef des Canadiens de Montréal en 1983. En 1985, il devient lui-même entraîneur-chef des Canadiens et remporte la 23ᵉ coupe Stanley de l'histoire de l'équipe en faisant confiance à de nombreuses recrues, dont Stéphane Richer, Claude Lemieux et la future grande vedette Patrick Roy.

Il demeure entraîneur-chef de l'équipe pendant trois ans. Il continuera sa carrière d'entraîneur un peu partout à travers le monde jusqu'en 2006. Il participe régulièrement à des émissions sportives où il devient légendaire grâce à certaines de ses déclarations colorées, qui deviennent des « perronismes12 » donnant ainsi son nom à ce type de citation. Il est le leader incontesté des citations savoureuses… Il est notre idole !

✖ FAIT SAILLANT ✖

Remporte la coupe Stanley à sa 1ʳᵉ année comme entraîneur-chef

Repêché : par le Canadien de Montréal en 1983

sportnographe.com

« *Je suis le portrait de ma mère. Elle disait toujours : ''Si tu rends pas service dans la vie, t'as pas d'affaire là, il faut rendre service.''*

J'ai essayé pendant toutes ces années-là de me rendre utile. »

— **Yvon Deschamps**
En entrevue pour le documentaire Aimons-Nous à Radio-Canada, 2004

À notre tour d'essayer de nous rendre utile avec cette section sur Moisson Montréal qui organise chaque année une Grande récolte pour les enfants, dont Olivier est co-porte-parole.

MOISSON MONTRÉAL

Organisme à but non lucratif, Moisson Montréal est fondée en 1984 par ses quatre co-fondateurs : Pierre Legault, Frédéric Sawyer, Brian Martin et Peter Gantous. D'abord basé dans un sous-sol de local paroissial et desservant vingt organismes communautaires, l'organisme développe son réseau et s'associe avec quatre autres Moisson. Aujourd'hui, Moisson Montréal est la plus grande banque alimentaire au Canada grâce à ses programmes de récupération et de distribution alimentaire, affilé avec les 18 Moisson du Québec.

Moisson Montréal a pour mission d'assurer un approvisionnement alimentaire optimal aux organismes communautaires desservant les familles et les personnes en difficulté de l'Île de Montréal; ainsi que de participer au développement de solutions durables pour favoriser la sécurité alimentaire pour tous les Montréalais.

QUELQUES CHIFFRES CLÉS

L'organisme dessert près de 250 organismes communautaires sur une base régulière sur l'Île de Montréal. Cela représente plus de 137 000 personnes, dont 45 000 enfants, qui reçoivent une aide alimentaire chaque mois, par l'entremise des organismes. Durant l'année 2016-2017, 14,4 millions de kilos de denrées et autres produits essentiels ont été distribués, représentant une valeur monétaire de près de 81 M$.

Moisson Montréal est approvisionnée auprès de 304 fournisseurs agroalimentaires faisant des dons en denrées. Le cœur de Moisson Montréal n'est autre que ses 10 869 bénévoles qui ont donné 101 761 heures pour assurer le bon fonctionnement des opérations et ses quelques 55 employés qui œuvrent au quotidien pour lutter contre l'insécurité alimentaire tout en cherchant des solutions durables.

LE VISAGE DE LA FAIM À MONTRÉAL

Selon l'Observatoire des tout-petits 1 enfant sur 3 grandit au sein d'une famille qui vit avec de faibles revenus. Les conséquences de la pauvreté se feront ressentir à chaque étape de son développement. Cet enfant aura une espérance de vie réduite en moyenne de 7 ans, il aura plus de chance d'être touché par l'insécurité alimentaire, deux fois plus de chance d'être frappé par le décrochage scolaire et à 3 ans, il connaîtra environ 600 mots de moins qu'un enfant provenant d'une famille plus aisée.

De nombreuses familles, des étudiants, des personnes âgées ou encore des personnes occupant un emploi, peinent à joindre les deux bouts. Dans le Grand Montréal, 40 % des personnes qui vivent dans la pauvreté occupent un emploi. Le travail ne garantit plus un revenu suffisant pour un nombre croissant de travailleurs qui, malgré leur emploi, demeurent pauvres. Quelques 125 000 personnes sont confrontées à cette réalité.

En plus de combler la faim des plus démunis, Moisson Montréal revalorise les invendus qui iraient autrement vers des sites d'enfouissement. L'organisme réduit ainsi le gaspillage alimentaire et évite certains impacts écologiques liés à la production alimentaire.

ILS TÉMOIGNENT

« Il aura suffi d'une succession d'événements pour me projeter dans l'insécurité alimentaire. Ce fut une période difficile. Mes enfants avaient faim et ils avaient du mal à dormir. En souffrant moi-même d'insécurité alimentaire, j'ai pu constater l'immense portée des actions de Moisson Montréal, qui approvisionne tous les organismes qui nous ont soutenus. »

— Éric Montgrain, papa de Lukas et Lytycya

« L'aide apportée par Moisson Montréal fait toute la différence pour nos gars de la rue. »

— La Maison du Père

« Montréal-Nord est l'un des quartiers le plus défavorisé sur l'Ile de Montréal. Le besoin en alimentation est un des plus criants, grâce à l'aide de Moisson on arrive à mettre un peu de baume sur la plaie ouverte de Montréal Nord; cette aide de Moisson Montréal a permis à notre organisme d'aller de l'avant. »

— La Maison des jeunes (MDJ)

« Sans le soutien de Moisson Montréal, notre organisme ne pourrait plus exister, des centaines de familles et d'enfants subiraient davantage le coût de leur situation économique précaire. On ne peut accepter que des familles et des enfants vivent encore la faim. »

— L'Oasis Des Enfants de Rosemont

VOTRE DON A UN IMPACT CONCRET DANS LA SOCIÉTÉ!

Chaque dollar reçu à Moisson Montréal permet de redistribuer une valeur de 15 $ en denrées. Par exemple, **un don de 15 $** permet de distribuer pour **225 $ de denrées,** soit la quantité suffisante pour nourrir sainement **13 familles de 4 personnes pendant une semaine**.

(Selon le calcul établi par le Dispensaire diététique de Montréal).

COMMENT DONNER ?

C'est si simple de donner !

Il est possible de faire un don en tout temps sur le site Internet de Moisson Montréal www.moissonmontreal.org

Ou encore par téléphone au 514 344 4494, poste 228

VOTRE GESTE COMPTE.

la grande récolte pour les enfants

" Très fier d'être co-porte-parole de La Grande récolte pour les enfants de Moisson Montréal. Je peux pas croire qu'à Montréal et les environs, des enfants ne mangent pas à leur faim. 20 000 enfants dépendent de services de dépannage… Tout ce qui touche les enfants me donne le goût de brailler. Ça me rassure de savoir qu'il y a des gens qui se donnent corps et âmes pour les aider. "

1 $ = 15 $

Grâce à notre effet multiplicateur
un don de 50 $ permet de nourrir 23 enfants pendant une semaine.

FAITES UN DON

www.moissonmontreal.org

514 344 4494 #228

MOISSON MONTRÉAL

INDEX

436 CITATIONS - 122 COMMENTATEURS

(ENTRE PARENTHÈSES) = LE NOMBRE D'OCCURRENCES DU COMMENTATEUR

289